U0944132

依法治市丛书

公民权利与义务读本

主　编：陈伟光

副主编：谢宝怀 古穗成 李江涛

华同旭 任辽粤

依法治市 幸福广州

广州新华出版发行集团

广州出版社

图书在版编目（CIP）数据

依法治市幸福广州公民权利与义务读本 / 陈伟光主编. —广州：广州出版社，2013.12

ISBN 978-7-5462-0897-8

Ⅰ. ①依… Ⅱ. ①陈… Ⅲ. ①社会主义法制—法制教育—中国—学习参考资料 Ⅳ. ①D920.4

中国版本图书馆 CIP 数据核字（2013）第 310642 号

书　　名 依法治市幸福广州公民权利与义务读本
Yifa Zhishi Xingfu Guangzhou Gongmin Quanli yu Yiwu Duben
出版发行 广州出版社
（地址：广州市天河区天润路 87 号 9、10 楼　邮政编码：510635
网址：http://www.gzcbs.com.cn）
责任编辑 杨珊珊　彭向明
责任校对 陈洁仪
封面设计 李桢涛
插　　图 邹　明
印刷单位 广州星河印刷有限公司
（地址：广州市天河区棠东横岭二路 7-9 号　邮政编码：510665）
规　　格 787 毫米×1092 毫米　1/16
印　　张 11
字　　数 170 千
印　　数 10000 册
版　　次 2013 年 12 月第 1 版
印　　次 2013 年 12 月第 1 次
书　　号 ISBN 978-7-5462-0897-8
定　　价 28.80 元

编委会

序

在过去相当长一段时期，普法教育主要是学习“法律”：遇到问题时知道去找哪部法律、了解自己有哪些权利义务。党的十八大以来，中共中央总书记习近平多次强调，各级领导机关和领导干部要提高运用法治思维和法治方式的能力，努力以法治凝聚改革共识、规范发展行为、促进矛盾化解、保障社会和谐。可以看到，普法当下已进入了学“法治”的阶段、提高法的实践能力的阶段：领导干部学的是法治思维和法治方法，是一种运用法律治国理政的能力，以及带头遵守法律的能力；广大群众学的是遵法守法的习惯和自觉，是一种应用法律的能力。十八届三中全会提出要维护宪法法律权威，实现中国梦，必须要有法治护航，必须从依法尊重和保障宪法规定的生存权、发展权、平等权、监督权等公民基本权利开始。

广州历来把培育对法治精神的理解与运用，视为法治广州的重中之重，包括人民当家作主、公众参与、程序规范和权力制约的理念与实践，包括社会风险控制、各方利益平衡等社会实践，包括将“信法”打造成为广州市民内在自觉的文化习惯的一系列先行先试等。例如，领先全国的全面规范行政执法自由裁量权及重大行政决策程序、市政府常务会议新闻发布制等主动作为，无一不在彰显着广州对宪法原则的践行，对法治的精神与尊严的弘扬。

宪法及其统领下的法律是党的方针路线政策的制度化和法律化体现。宪法体现了一个国家最核心的价值，宪法可以把社会共同的价值转化成为具体的宪法规范，并用它去领航法律制度体系，让每个社会主体都能够在法治的框架里实现各自的诉求，而这其中的关键就是要塑造全社会崇尚法治权威、宪法权威的意识，让国家的治理回归到宪法治理上。我们相信，《依法治市幸福广州丛书》在连续出版的第三年推出的这册《依法治市幸福广州公民权利与义务读本》，恰逢十八届三中全会会议精神的贯彻落实之际，因为它用宪法塑造一种内在信念：你爱国吗？那么你首先要爱护、信任、信仰你的宪法。

编委会

2013 年 12 月

目　录
Contents

第一章　宪法常识知多点

宪法是我国的根本大法。我国公民在国家经济、政治、文化生活中的基本权利和基本义务，都由宪法来规定。宪法的基本内容和公民与国家、权利与权力、权利与义务等概念的内涵及其相互关系密切相关。了解什么是公民和国家，公权力与私权利的内容、边界和关系，公民权利和义务的内容，对培育公民法制意识，树立正确的权利义务观念等，均十分重要。公民在享受宪法和法律赋予权利的同时，不能侵犯他人的合法权益和国家、集体、社会的公共利益，这是公民权利行使的基本边界；当公民的合法权益受到侵犯时，不能通过非法手段进行“维权”，而应该通过法律手段寻求救助。同时，国家也有义务保护公民的合法权益，提供公民实现其合法权益的保障性措施。

(一)关于公民与国家

第一条　中华人民共和国是工人阶级领导的、以工农联盟为基础的人民民主专政的社会主义国家。

第三十三条　凡具有中华人民共和国国籍的人都是中华人民共和国公民。中华人民共和国公民在法律面前一律平等。

——《中华人民共和国宪法》

公民是一个法律概念，它反映了个人与国家之间特定的法律关系。权利与义务是现代国家法律体系中最重要、最基本的内容，公民和国家之间就是通过双方之间的权利义务关系紧密相连的。了解什么是公民以及公民与国家之间的关系，是培育现代公民意识，树立正确的权利义务观念的起点。

案例传真

拥有中国国籍，才能成为中国公民

金某出生在朝鲜民主主义人民共和国，15岁时，母亲带着他们几兄妹来到了我国辽宁鞍山生活，金某后与一镇江男子结婚并居住在镇江。尽管金某2005年就取得了外国人永久居留证，但“外国人”的身份还是给她带来很多不便甚至麻烦。于是2010年8月，金某向我国镇江市公安局出入境管理部门提出申请加入中国籍。后经公安部受理并批复同意金某（原朝鲜籍）加入中国国籍，她正式成为一名中国公民。

案例评析

公民是一个法律概念，是指具有一个国家的国籍，并根据该国宪法和法律，享有权利并承担义务的自然人。公民资格的取得与丧失是以国籍的取得与丧失为依据的。我国宪法规定，凡具有中华人民共和国国籍的人，不论其年龄、性别、出身、职业、民族、种族、宗教信仰等，都是中华人民共和国公民，都依法受到中国法律的保护，享有宪法和法律规定的权利，同时也必须履行宪法和法律规定的义务。

《中华人民共和国国籍法》(以下简称《国籍法》）规定，外国人或无国籍人，愿意遵守中国宪法和法律，并具备一定条件的可以经申请批准加入中国国籍。金某嫁入中国，并长期生活在中国，符合外国人申请加入我国国籍的条件，可依法申请加入我国国籍。由于我国不承认双重国籍，即取得中国国籍之后，不得再保留原来的外国国籍，金某在加入我国国籍，成为中国公民之后，其朝鲜籍公民身份也随即丧失。

相关链接A

如何取得中国国籍

在我国，国籍的取得有两种方式：一种是因出生而取得，叫做原始国籍；一种是因加入而取得，叫做取得国籍。《国籍法》规定：“父母双方或一方为中国公民，本人出生在中国，具有中国国籍”；“父母双方或一方为中国公民，本人出生在外国，具有中国国籍；但父母双方或一方为中国公民并定居在外国，本人出生时即具有外国国籍的，不具有中国国籍”。以这种方式取得国籍即为原始国籍。

另外，因加入而取得国籍是指个人因婚姻、收养或者申请等原因，经过一定的法律程序，由我国公安部门批准其入籍。我国《国籍法》规定：外国人或无国籍人，愿意遵守中国宪法和法律，并具有下列条件之一的，可以经申请批准加入中国国籍：（1）中国人的近亲属；（2）定居在中国的；（3）有其他正当理由。

相关链接B

申请退出中国国籍须知

一、申请条件

(一) 外国人的近亲属；

(二) 定居在外国的；

(三) 有其他正当理由的。

二、受理、审批机关

受理国籍退出申请的机关，在国内为当地市、县公安局，在国外为中国外交代表机构和领事机关。

退出中国国籍的申请由中华人民共和国公安部负责审批。

三、申请手续

(一) 填写“退出中华人民共和国国籍申请表”；

(二) 提交要求退出中国国籍的书面申请；

(三) 提交相应证明：

（1）中华人民共和国居民身份证复印件；

（2）户口薄复印件；

（3）与申请退出中国国籍事由相应的证明文件复印件。

四、其他事项

被批准退出中国国籍后，即丧失中国国籍。出入境手续按外国人有关规定办理。[①]

延伸阅读A

国家的基本含义

国家一词具有多重含义，在政治话语、学术讨论、法律文献和日常用语等语言体系中，它至少在五种意义上被使用。

第一，国家一词指称国家政权和行使政权的国家机构体系。例如，列宁曾把国家比作一个阶级压迫另一个阶级的暴力机器，这个机器是由军队、警察、法庭、监狱和官僚集团所组成的一套机构，是来自于社会又凌驾于社会之上的特殊公共权力。

第二，国家一词指称由政府、人民和领土所组成并拥有主权的政治实体。如果不拥有主权，便不能称之为国家。这在讨论近、现代国际关系时最为常见。

第三，国家一词指称在法律上代表公共利益的具有法律人格的特殊权利主体。这是国内法上的概念。在此意义上，国家同自然人一样有独立的人格和意识，享有权利并承担义务和责任。

第四，国家一词指称政治社会。此种意义上的国家通常被称为“政治国家”，它是国家权力直接发生作用的所有政治社会关系的总和。这是某些学者在学术研究时所使用的概念，与“市民社会”相对应。

第五，国家一词指称社会的总和。例如，我国宪法序言中称“中国是世界上历史悠久的国家之一”，要把我国建设成为“富强、民主、文明的社会主义国家”。[②]

延伸阅读B

公民与人民

公民与人民是我国政治生活中的两个重要概念，它们都反映一定的

① 来源：中华人民共和国公安部出入境管理局网站 http://www.mps.gov.cn/n16/n84147/n84211/n84334/n399147/1275644.html. 更新时间为2008年5月13日。

② 张文显等著：《法理学》，高等教育出版社，2007年版，第370～371页。

社会关系和人们在国家生活中的地位，但是人们在日常生活中经常混淆这两个概念。公民与人民这两个概念的内涵及外延各不相同，应加以辨析，避免混淆使用。简而言之，它们之间的区别可以分为以下几点：

（1）两者的性质不同。公民是一个法律概念，其内容和含义由法律规定，反映的是个人与国家之间固定的法律关系。公民这个概念与外国人、无国籍人相对应。《中华人民共和国宪法》（以下简称《宪法》）明确规定："凡具有中华人民共和国国籍的人都是中华人民共和国公民"，"任何公民享有宪法和法律规定的权利，同时必须履行宪法和法律规定的义务"。从这个意义上来讲，如果一个外国人依法取得我国国籍，那么他也就成为我国公民。而人民则是一个政治概念，主要以政治标准进行划分，与敌人相对称。在不同的历史时期，人民这个概念被赋予不同的阶级内容和历史内容。

（2）两者所包括的范围不同。现阶段工人、农民、知识分子以及其他一切拥护社会主义和拥护祖国统一的社会力量和爱国者，都包含在人民的范畴之内。那些取得了他国国籍，但热爱社会主义，拥护祖国统一的海外侨胞虽然不属于我国公民，但也应包括在人民阵营之内。另外，就取得中国国籍的中国公民而言，人民的范围小于公民，即在拥有国籍的前提下来看，凡是人民都是公民，但公民除了人民之外，还包括有国籍但被剥夺政治权利的罪犯和少数敌视分子。就此而言，公民中的人民，享有宪法和法律规定的一切公民权利，并履行全部公民义务。而公民中被剥夺政治权利的人，则不能享有全部的公民权利，也不能履行某些光荣的义务，例如选举权与被选举权。

（3）两者的含义不同。公民一词一般表达的是个体的概念，通常在涉及个人的法律地位时，使用公民这一概念；人民一词所表达的是群体的概念，在我国宪法中，凡涉及国家主权或者说明国家权力总体归属时，经常使用人民的概念。

辨明公民与人民两者的内涵及外延，有助于我们理解宪法中公民概念的科学含义，也有利于公民树立国家主人翁的观念和权利义务一致的观念，以及法律面前人人平等的观念，从而有利于发展社会主义民主和加强社会主义法治建设。

法律链接

《中华人民共和国国籍法》

第四条　父母双方或一方为中国公民，本人出生在中国，具有中国国籍。

第五条　父母双方或一方为中国公民，本人出生在外国，具有中国国籍；但父母双方或一方为中国公民并定居在外国，本人出生时即具有外国国籍的，不具有中国国籍。

第六条　父母无国籍或国籍不明，定居在中国，本人出生在中国，具有中国国籍。

第七条　外国人或无国籍人，愿意遵守中国宪法和法律，并具有下列条件之一的，可以经申请批准加入中国国籍：（一）中国人的近亲属；（二）定居在中国的；（三）有其他正当理由。

第八条　申请加入中国国籍获得批准的，即取得中国国籍；被批准加入中国国籍的，不得再保留外国国籍。

第九条　定居外国的中国公民，自愿加入或取得外国国籍的，即自动丧失中国国籍。

第十条　中国公民具有下列条件之一的，可以经申请批准退出中国国籍：（一）外国人的近亲属；（二）定居在外国的；（三）有其他正当理由。

（二）关于权力与权利

第二条　中华人民共和国的一切权力属于人民。人民行使国家权力的机关是全国人民代表大会和地方各级人民代表大会。

第三条　全国人民代表大会和地方各级人民代表大会都由民主选举产生，对人民负责，受人民监督。国家行政机关、审判机关、检察机关都由人民代表大会产生，对它负责，受它监督。

第三十三条　国家尊重和保障人权。任何公民享有宪法和法律规定的权利，同时必须履行宪法和法律规定的义务。

第四十一条　中华人民共和国公民对于任何国家机关和国家工作人员，有提出批评和建议的权利；对于任何国家机关和国家工作人员的违法失职行为，有向有关国家机关提出申诉、控告或者检举的权利……

——《中华人民共和国宪法》

公权力与私权利是相对应的。所谓公权力，是指国家以维护公共利益为目的，组织、协调和控制社会与个人的力量，它是基于社会公众的意志而由国家机关具有和行使的强制力量；所谓私权利，是指公民个体权利和行为，由于权利所涉及的首要范围是个人及私人的生活领域，故常被称为“私权”或“私权利”。

知识要点 A

国家权力来自人民的授权

2013 年 3 月 14 日至 16 日，十二届全国人大一次会议连续举行了三次全体会议，分别选举产生了第十二届全国人民代表大会常务委员会委员长、副委员长、秘书长、委员，中华人民共和国主席、副主席、中华人民共和国中央军事委员会主席；任命了国务院总理，中华人民共和国中央军事委员会副主席、委员，最高人民法院院长，最高人民检察院检察长和国务院副总理、国务委员、各部部长、各委员会主任，中国人民银行行长、审计长、秘书长。其中，全国人大常委会委员长、副委员长、秘书长、委员的人选，须在代表中提名。国务院总理的人选，由国家主席提名；国务院副总理、国务委员、各部部长、各委员会主任、中国人民银行行长、审计长、秘书长的人选，由国务院总理提名；中华人民共和国中央军事委员会副主席、委员的人选，由中华人民共和国中央军事委员会主席提名。[①]

① 来源：中国新闻网 http://www.chinanews.com/gn/2013/03-14/4641400.shtml. 2013 年 3 月 14 日。

中华人民共和国的一切权力属于人民，国家机关的权力来自人民的授权。从权力的功能类型上来看，国家权力可以分为立法权、司法权、行政权和军事权。在我国，拥有立法权力的国家机构是各级人民代表大会，其中，全国人民代表大会是最高国家权力机关。另外，行政机关、审判机关、司法机关及军事机关都是由同级人民代表大会产生并对其负责。行使行政权力的是各级国家行政机关，其中，包括最高国家行政机关和地方行政机关，我国最高国家行政机关是国务院。行使司法权力的是各级人民法院和人民检察院，其中，人民法院行使的是审判权，人民检察院行使的是检察权。最高人民法院及最高人民检察院分别是我国最高的审判机关和检察机关。行政机关和司法机关独立行使权力，且相互制衡，都必须对人民代表大会负责。

知识要点B

公民依法享有广泛的政治权利和自由

我国公民依法享有广泛的政治权利和自由，主要体现在以下几个方面：（1）选举权和被选举权。公民享有根据自己意愿选举组成国家权力机关的人民代表的权利，有被提名为代表候选人进而被选为人民代表的权利。（2）言论、出版、集会、结社、游行、示威的自由。我国制定了相关的法律法规，为公民依法行使这些权利提供各项具体保障措施。国家保护社会团体依照法律、法规及其章程进行活动，任何组织和个人不得非法干涉。（3）宗教信仰自由。2004年11月，国务院颁布了我国第一部宗教方面的综合性行政法规《宗教事务条例》，明确规定了宗教团体和信教公民在举行宗教活动、开办宗教院校等方面的权利。（4）公民对国家机关及其工作人员有提出批评和建议的权利。各级国家机关普遍设立了信访机构，人民检察机关和行政监察系统还设立了对违法犯罪行为的举报机构。《中华人民共和国国家赔偿法》、《中华人民共和国行政诉讼法》和《信访条例》等的颁布实施，进一步保障了公民的批评、建议、申诉、控告和检举权利。

我国公民享有的权利非常广泛，这种广泛性表现在：第一，享受权利的主体广泛，不论民族、种族、性别、职业、家庭出身，都享受法律规定的各项权利；第二，享有权利的种类广泛，涵盖我国公民经济、政治、文化生活等领域。权利可以从不同角度进行分类，从权利在权利体系中的地位来看，可以分为基本权利和一般权利。基本权利是由宪法规定的公民所享有的权利，是保障人们在社会生活中生存和发展不可缺少的权利。我国宪法规定我国公民享有的基本权利有平等权、政治权利（如选举国家机关工作人员的权利，对国家机关进行批评、建议和监督的权利）、精神自由（如有权利选择自己的宗教信仰和思想信念）、人身自由和人格尊严（如不受非法搜身、拘禁，名誉权不受诋毁等）、社会经济权利（如有参加劳动获取报酬的权利，休息的权利等）及获得权利救济的权利。了解我们所享有的基本权利，有助于我们树立正确的权利观念，培育法制意识，在权利受到侵犯的时候寻求合法正当的手段进行维权，推动法治社会的发展。

知识要点 C

权利与权力

权力与权利之间是对立统一的辩证关系，涵盖并构成了一国法律制度体系。

权利是“法律关系的内容之一，与义务相对应，指法律关系主体能够作为或者不作为一定行为，以及要求他人作为或不作为一定行为的许可与保障。可见，权利是由法律确认、设定，并为法律所保护的某种资格。当权利受到侵害时，国家依法施用强制手段予以恢复，或使享有权利者得到相应补偿，离开法律的确认和保护，就无所谓权利的存在。而权力一般是指有权支配他人的强制之力，它总是和服从联系在一起。任何社会都是一定的权力和一定的服从相统一。权力的含义可分两层：一是政治上的强制力量，国家的强制力量即国家权力，例如立法权、司法权、行政权等；二是职责范围内的支配力量，一般同一定的职务相联系，即有了一定职务就有了相应的某种权力，如行使大会主席的权力。

从行为主体上来说，权利主体一般是公民、法人和其他社会团体(国家机关进行民事行为时，也是权利主体)；权力主体则只能是被授予权力的国家机关及其特定的工作人员。按其行为属性来讲，权利行为一般是民事行为与社会政治行为；权力行为则一般是立法行为、行政行为、司法行为等公务行为，是一种公共权力。权利一般体现个人或法人等主体的利益；权力则不体现权力行使者的个人利益，而以国家社会的公共利益为目的。

因此，权力与权利在一定意义上也可以说是公与私的区别。“以权谋私”，指的就是以权力谋私利。

案例传真A

不得滥用公权力谋私利

2010年8月15日，重庆市彭水县教委的秦某，用手机编发了一首有关时事的打油诗，随即用QQ或手机短信发给自己的几个好友。但他万万没有想到，半个月后，警察找上门来，这条曾让自己小有得意的短信竟然招来牢狱之灾。彭水县公安局以涉嫌诽谤罪把他送进看守所关押了一个月。当地检察院认定秦某诽谤了当地的县委书记和县长。另外，40多名收到和转发该短信的人被公安局问话。后来案情有了新的发展，彭水县公安局对秦某涉嫌诽谤一案撤销案件，并向当事人秦某道歉，同时给予了国家赔偿，这一出闹剧才告一段落。[①]

案例评析

公权力与私权利的界限，在现实生活中经常会被模糊，甚至被执法机关所混淆。现代社会需要强大的公权力来解决各种错综复杂的利益关系的冲突，也需要政府运用公权力来维护良好的社会风尚和社会的公共秩序，但这并不意味着公权力可以肆意进入私人生活领域，更不能利用

① 来源：《南方都市报》，2010年10月26日。

公权力为个别人谋私利。

诽谤罪是指故意捏造并散布虚构的事实，足以贬损他人人格，破坏他人名誉，情节严重的行为。诽谤罪侵犯的客体是他人的人格尊严及名誉，所以它侵犯的对象一定是自然人。秦某编写一首针砭时事的打油诗，同时他通过QQ或短信等方式传给自己的好友，影响范围有限，并不足以危害到当地的社会秩序。当地公安部门最开始以秦某危害公共秩序为由进行调查，但当调查了解之后并不能认定时，应该及时予以释放。当地检察机关更不能因为打油诗中涉及县委书记和县长，就滥用公共权力对秦某提起公诉。这完全是违反法律程序的，因为我国法律明确规定，诽谤案属于自诉案件。换句话讲，如果县委书记和县长果真认为自己的人格尊严及名誉权受到秦某的严重侵犯，那么，他们应当到当地的法院提起诉讼，交由法院裁判，而不可以运用自己手中的权力任意“指挥”司法。秦某案折射出来的问题实质是基层政府部门公共权力的滥用，和对公民的人身自由权和言论自由权的侵犯。当然，反过来讲，每个公民在行使法律赋予的权利时，必须以不侵犯他人和国家、集体、社会的权益为前提。例如，我们有发表言论，表达自己思想的权利和自由，但是我们也不能滥用权利，随意捏造事实，甚至造谣诽谤他人。

法律链接

《中华人民共和国刑法》

第二百四十六条　以暴力或者其他方法公然侮辱他人或者捏造事实诽谤他人，情节严重的，处三年以下有期徒刑、拘役、管制或者剥夺政治权利。

前款罪，告诉的才处理，但是严重危害社会秩序和国家利益的除外。

案例传真B

严格依法保障公民权利的行使

一名65岁的老年罪犯王某，在狱中自强不息，参加全国高等教育自学考试，一年顺利通过三门。因犯贪污罪被判处有期徒刑8年，王某开始参加心理学自学成才考试。王某说自己辛辛苦苦工作了大半辈子，快退休了却犯了法。她为自己对法律的无知感到后悔，按照规定，参加学习可以获得减刑等奖励，于是她报名参加了自学考试。功夫不负有心人，2001 年一年时间内她就通过了 3 门功课。按当时监狱管理部门的规定，她因此还获得了 2100 分的减刑加分，这令许多年轻罪犯在吃惊的同时，深感羡慕。现在，她只需再考 4 门功课就毕业了。①

案例评析

我国宪法和法律规定，公民有接受教育的权利和义务。王某因贪污受贿罪被判处有期徒刑 8 年。这 8 年之中，其人身自由权受到暂时的剥夺。但是，人身自由权利的暂时剥夺并不妨碍其行使其他权利，如受教育权。保障在押刑犯依法享有未被剥夺的其他权利，既是依法维护和保障公民权利的必须，同时也是以实例树立起人们对法治的尊崇，另外也有助于罪犯刑满出狱后做一个自食其力、奉公守法的公民。

① 来源：《北京青年报》，2002 年 4 月 23 日。

知识要点 D

依法平等地保护公民私有财产所有权

2007 年 3 月 16 日上午，第十届全国人民代表大会第五次会议在北京召开。会议表决高票通过了《中华人民共和国物权法》（以下简称《物权法》）和《中华人民共和国企业所得税法》（以下简称《企业所得税法》）。其中，出席闭幕大会的 2889 名代表，有 2799 人对《物权法》投了赞成票。全国人大常委会委员长吴邦国宣布《物权法》和《企业所得税法》获得通过，会场响起了热烈的掌声。中华人民共和国主席胡锦涛签署第 62 号、第 63 号主席令，公布了两部法律。《物权法》自 2007 年 10 月 1 日起施行，《企业所得税法》自 2008 年 1 月 1 日起施行。《物权法》是一部规范财产关系的民事基本法律，调整因物的归属和利用而产生的民事关系。这部法律历经 13 年的酝酿和广泛讨论才最终得以通过，创造了中国立法史上单部法律草案审议次数最多的纪录，它的通过和实施准确体现了国家基本经济制度。[①]

我国宪法规定公民合法的私有财产不受侵犯。但是，一直以来都没有一部专门的民事方面的法律对公民的私有财产权进行保护。《物权法》是一部规范财产关系的法律，是对宪法相应条款的具体细化。在法治国家，公民的私有财产权与生命权、自由权一样都被视为公民最重要的权利。

《物权法》的颁布为保护公民合法的私人财产提供了基本的法律依据，具有重要的法律意义和现实意义。第一，《物权法》确立了公共财产和公民私有财产所有权平等保护的原则，它规定“国家、集体、私人的物权和其他权利人的物权受法律保护，任何单位和个人不得侵犯”。第二，《物权法》对一般公民财产权利保护建立了一系列强化措施。《物权法》虽然是一部私法，但对物权的确认、变更、消灭都需要国家机关的职能介入。《物权法》对国家机关职能介入的方式和内容都做了具体

① 来源：《广州日报》，2007 年 3 月 17 日。

的规定，这就为行政机关或者司法机关保护公民合法权益提供了明确的法律依据。第三，《物权法》不仅从私法意义上明确了物权归属及其流转的一系列规则，更是从公法意义上明确了物权登记及公法救济的途径。它的颁布与施行，也将对政府行为产生积极影响。

目前，公民的合法权益受到侵犯的现象时有发生，例如近年来由于征地引起的冲突屡见不鲜。在我国，对公民合法权益进行保护的途径有三种，即通过立法、行政（执法）、司法方式进行保护，其中立法是最为重要的方式，它同时也为后两种保护方式提供了明确的法律根据。

名词点击

司法救济

司法救济是指当宪法和法律赋予人们的基本权利遭受侵害时，人民法院应当对这种侵害行为作有效的补救，对受害人给予必要和适当的补偿，以最大限度地救济他们的生活困境和保护他们的正当权益，从而在最大程度上维护基于利益平衡的司法和谐。

三公经费

“三公经费”是指政府部门人员因公出国（境）经费、公务车购置及运行费、公务招待费产生的消费，属于信息公开的范围。公民依法申请公开这些信息，是行使知情权和监督权的表现。同时，这也是公民参与社会管理，制衡公共权力，预防公权腐败，防止公权滥用的有效途径。地方政府部门应及时并如实地公开《中华人民共和国政府信息公开条例》中要求公开的信息，让政府公权的使用透明化、阳光化，接受全社会公众的监督，真正做到权为民所用，利为民所谋。

案例传真C

权利受损时须及时求助，合法维权

2013年3月11日清晨，湖北广水一男子瞿某窜入一村民家抢劫，用绳捆绑，持刀和电触棍威逼事主，索要银行卡和现金，威逼达5个多小时，受害人恒某仍不肯拿钱。此时，身感疲惫的瞿某见恒某反抗时脖子、手臂、腿等多处受伤，认为其难以逃脱，便躺在他家打起瞌睡来。恒某趁瞿某熟睡之机，挣脱捆绑，跑出求救。村民会同相继赶来的派出所民警一起，将瞿某抓获。①

案例评析

公安机关是各级政府的重要组成部分，是依法管理社会治安，维护人民群众生命财产安全的行政机关，肩负刑事案件的侦查任务，行使刑事司法权。同时，我国法律规定公民的人身、财产不受侵犯。瞿某用绳索捆绑恒某达5个多小时，已经非法限制了恒某的人身自由，并用电触棍向恒某威逼索要银行卡及现金，致使恒某脖子、手臂、腿多处受伤，伤害了恒某的身体。当我们的合法权益受到这样的侵犯时，须向公安机关报警，由公安机关行使刑事司法权来维护我们的权利。

但是，现实生活中，很多人在自己的权益受到损害之后，不是通过合法途径请求公权力出面为其维权，而是以不当手段维权，甚至违法"维权"。我们常常可以看到这样的报道：小偷被抓小偷的人打伤、打死；农民工向雇主讨薪，聚众闹事，大打出手；等等。这样的"维权"方式本身已经是违法的行为，情节严重时，还要承担刑事责任。

案例传真D

司法救济是保障公民权利的正道

2006年9月13日，江苏南通市崇川区"五城同创"指挥部向该市绿康生猪养殖场送达责令限期拆除违法建筑的通知。绿康生猪养殖场未在规定的期限内自行拆除房屋。见养猪场没有理会，9月22日，该指挥部组织公安、城管等人员对其认定为违章建筑的养猪场房屋4836.92平方米

① 来源：人民网 http://hb.people.com.cn/n/2013/0313/c192237-18286384.html. 2013年3月13日。

实施了强拆。在强拆时，养猪场的工作人员被非法限制了人身自由，指挥部没有组织现场公证，未与养猪场办理物品交接手续。遭遇强拆后，业主向法院提起诉讼，要求认定所在区的区政府强拆行为违法，并索赔2720万元。2007年11月，南通市中院一审认为，该指挥部系崇川区政府临时机构，其强制拆除生猪养殖场的行为违法，区政府应当承担赔偿责任，认定生猪损失为人民币455.4万余元，屋内其他财产损失为人民币71.5万余元，两项合计人民币约526.9万余元，全部由区政府赔偿。崇川区政府不服一审判决向江苏省高级人民法院提起上诉，但江苏省高级人民法院在审理之后，依法判决驳回上诉，维持原判。①

案例评析

按照我国宪法规定，法院行使独立的司法审判权，有权对行政机关执法过程中出现的问题和错误及时予以纠正和监督。

崇川区“五城同创”指挥部在没有组织现场公证，未与养猪场办理物品交接手续便对其认为的违规建筑进行拆迁，甚至还在拆迁过程中限制了猪场工作人员的人身自由，属于非法拆迁。当我们碰到类似事件的时候，既不应该放弃维权，也不应该采取极端不理智，甚至违法的方式，如聚众游行、静坐绝食、网络串联等，来表达自己的诉求，相反，我们应该像本案中的当事人那样，通过向法院提起诉讼的法律手段来维护自己的合法权益。司法救济是保障公民权利的最佳也是最终途径。

案例传真E

公民要以合法的方式行使自己的监督权

2012年12月6日，知名媒体人、《财经》杂志副主编罗昌平在自己实名认证的新浪微博上连发3条微博，向中央纪委举报国家发展和改革委员会副主任刘铁男涉嫌严重违规，存在学历造假、与商人结成官商同盟骗贷国内银行、包养情人后反目而威胁女方等行为，并附上学位证书、

① 来源：《东方早报》，2012年11月28日。

银行账号、合同、护照复印件等证据材料，以及刘铁男与情人的合影。罗昌平还在微博中链接了《财经》杂志此前刊发的长篇调查报道：《中国式收购——一名部级高官与裙带商人的跨国骗贷》。3条微博立即引发广泛关注，这也是近年媒体人网络实名举报的最高级别官员。2013年1月30日，罗昌平在微博上表示，中央有关部门已就他实名举报刘铁男一事立案调查，近两个月来，他已尽到举报人义务，配合完成相应程序。5月12日，中央纪委发布消息称刘铁男严重违纪，目前正在接受组织调查。①

案例评析

《宪法》第二条规定："中华人民共和国的一切权力属于人民。"国家机关及其工作人员应该真正做到权为民所用，不应该滥用职权，甚至以权谋私。《宪法》第四十一条规定，公民对国家机关和国家工作人员有监督权，对其违法失职行为有提出申诉、控告或检举的权利。公民依法行使这些权利的时候，任何组织和个人不能以任何理由或借口进行干预，更加不能压制或打压报复。罗昌平利用自己实名认证的微博检举刘铁男违法乱纪，是以合法的方式对公权力进行监督。

近年来，面对一批官员在权钱色面前丧失了自己的党性，贪污腐化、以权谋私的现象，网络肃贪成为公民行使监督权的一种新方式。而纪检监察等有关机关也及时顺应了这一新的形势要求，采取了切实措施不断完善社会监督机制，对通过网络提出监督、批评意见，举报违法犯罪行为的群众予以切实保护，对滥用职权、打击报复等违法犯罪行为予以坚决查处。同时，公民在利用网络行使自己的上述监督权时，应当充分注意到网络传播的特殊性，更加注意在宪法和法律的范围内进行，不得损害国家的、社会的、集体的和其他公民的合法权利，谨防私权滥用。

① 来源：《京华时报》，2013年5月13日。

案例传真F

信息公开、接受监督是政府必须履行的义务

从2012年3月份起，湘潭人廖某向湖南长沙、湘潭等地10余个镇政府申请公开“三公经费”信息。但十余个镇政府无一回复，廖某认为政府不作为，于是向法庭起诉了5个镇政府，只有3个镇政府在法院立案后向他提供了“三公信息”，其中湘潭县易俗河镇在立案第二天就把相关资料发给了廖某。在法庭上，湘潭市某区的镇政府在庭上抱怨说，如果人人都申请公开信息，那政府别的什么事都不用做了，光回复申请就忙不过来。①

案例评析

当今社会是信息化的社会，信息民主是现代民主的重要组成部分。信息民主包括获得信息权、使用信息权和参与信息权。政府作为社会的管理者，在运用公权力进行行政管理过程中，制作、搜集、存储了大量信息。而这些信息既是公权力的组成部分，又与人民群众的生活息息相关，因此，只有公开政府信息，才能满足公众获得信息、使用信息和参与信息的需要。我国政府机关的权力是人民授予的，向公众公开政府信息，不仅是公民知情权和监督权的必然要求，同时更是政府机关必须履行的义务。

法律链接

《中华人民共和国政府信息公开条例》

第九条　行政机关对符合下列基本要求之一的政府信息应当主动公开：

(一) 涉及公民、法人或者其他组织切身利益的；

(二) 需要社会公众广泛知晓或者参与的；

(三) 反映本行政机关机构设置、职能、办事程序等情况的；

(四) 其他依照法律、法规和国家有关规定应当主动公开的。

---

① 来源：《新京报》，2012年8月28日。

第十三条 除本条例第九条、第十条、第十一条、第十二条规定的行政机关主动公开的政府信息外，公民、法人或者其他组织还可以根据自身生产、生活、科研等特殊需要，向国务院部门、地方各级人民政府及县级以上地方人民政府部门申请获取相关政府信息。

案例传真G

公权力，“法无授权不可为”

肖某是黑龙江人，15年前嫁到广州并生了儿子，遂产生了落户广州的想法。在明确自己符合投靠入户申办要求后，肖某来到丈夫户口所在地社区居委会办理入户。但计生专员却表示肖某必须先上环，或者要有区妇幼保健院出具的允许不上环的医学证明才能为其办理入户手续。2012年12月11日，肖某看到《羊城晚报》《入户须先上环？广州无此规定！》的报道，眼前一亮，当即给社区居委会打电话联系申请事宜。[①]

案例评析

《中华人民共和国人口与计划生育法》（以下简称《计划生育法》）和《中华人民共和国户口登记条例》等法律、法规中，并没有公民须先上环才能入户的规定。相反，《计划生育法》第十九条规定：国家创造条件，保障公民知情选择安全、有效、适宜的避孕节育措施。《广东省人口与计划生育管理条例》中虽然有“已生育一个子女的育龄夫妇，女方首选使用宫内节育器”的规定，但并没有明确要求“上环与入户挂钩”。对公权力而言，“法无授权不可为”，否则就是越权，广州市计生局局长关于不强制上环的表态，正是基于这个原则的必要澄清。同时，根据“公共权力法无明文授权即禁止”的原则，基层计生部门和居委会也根本无权提出“入户与上环挂钩”的要求，广州市计生局向社会及时作出的解释，是法治政府的应有之举。

目前，有些地方的基层部门，缺乏广州市政府的反省和自纠能力，法制观念淡薄，懒政习惯之下热衷于在法外限制公民的权利，搞“株连

① 来源：《羊城晚报》，2012年12月18日。

式管理”、“捆绑式管理”。这种管理的实质是让公民额外承担义务，对法治是极大的破坏，与“法治政府”建设背道而驰。依法行政是现代社会的基本要求，公共权力必须在法律的轨道上行使。

延伸阅读

法律的授权与禁止

深入理解公权力和私权利的关系、边界，有助于培育现代公民意识，促进依法治国的共识。要平衡公权力与私权利之间的冲突，必须在现代法治的框架内明晰公权力和私权利的边界。

对公权力而言，法无授权不可为，法有授权则必须作为。

（1）法无授权不可为。任何公共权力的范围必须由法律确认，否则构成越权。我国宪法对立法、行政、司法机关的职权都做出了原则性规定，一些专门法律又对其进行了具体化的授权。任何组织或者个人都不具有超越宪法和法律的特权。实践中以言代法、以权压法、越权执法以及滥用自由裁量权等一系列行为都是违法的，它们都因缺乏法律依据或不合法律规定而无效。

（2）法有授权必须作为。权力的功能就是保障权利，权力主体必须依法在授权范围内积极行使其权力，否则构成渎职。近年来，完善权力不作为问责制度，成为全面推进法治政府建设的必由之路。

对私权利来说，法有授权皆权利，法无禁止则可行。

（1）法有授权皆权利。只要法律有明确授权的，都是可依法行使的权利，但必须是在法律授权的范围内行使。

（2）法无禁止则可行。在私法领域，存在大量法律没有禁止的空间，虽然不能认为这都是公民的权利，但应当是法无禁止则可行，而且不损害社会公共利益和他人合法权益的“行使”是不受惩罚的，这既体现了“权利本位”，又有效维护了法治充分保障人权的原则。①

① 万高隆，等：《法治视角下公权力与私权利的冲突与平衡》，载《江西行政学院报》，2012年第53期。

（三）关于权利与义务

第三十四条　中华人民共和国年满十八周岁的公民，不分民族、种族、性别、职业、家庭出身、宗教信仰、教育程度、财产状况、居住期限，都有选举权和被选举权；但是依照法律被剥夺政治权利的人除外。

第三十五条　中华人民共和国公民有言论、出版、集会、结社、游行、示威的自由。

第三十七条　中华人民共和国公民的人身自由不受侵犯。

第三十八条　中华人民共和国公民的人格尊严不受侵犯。禁止用任何方法对公民进行侮辱、诽谤和诬告陷害。

第五十五条　依照法律服兵役和参加民兵组织是中华人民共和国公民的光荣义务。

第五十六条　中华人民共和国公民有依照法律纳税的义务。

——《中华人民共和国宪法》

权利与义务观念贯穿于法律现象的各个环节、法律制度的一切部分和法律运行的全部过程，是我国法律体系中的核心。权利和义务的内容必须由法律加以规定，其内容的修改、删除和增加也必须通过严格的法定程序，任何组织和个人不得通过任何形式，以任何理由为公民增设权利削减义务或增设义务削减权利，这是现代法治社会的基本原则。

了解、学习公民权利和义务的分类及内容，有助于培育公民的权利意识和义务意识。只有深入理解权利和义务，才能知道自己所享有的权利有哪些，我们必须履行的义务是什么，了解我们行使权利的前提是什么，知道自己的权利在受到侵犯时应该如何通过法律手段理性寻求救济。

知识要点

公民的法定义务必须无条件履行

2011年10月24日，十一届全国人大常委会第二十三次会议，听取审议了《中华人民共和国兵役法修正案（草案）》（以下简称《兵役法修正案（草案）》）的报告。《兵役法修正案（草案）》对机关、团体、企事业单位在兵员征集中切实支持国防和军队建设提出约束性要求。据悉，全国人大法律委员会经同国务院法制办、总参谋部、中央军委法制局研究，建议增加一条修正案，规定：在征集期间，应征公民被征集服现役，同时被机关、团体、企事业单位招收录用或者聘用的，应当优先履行服兵役义务；有关机关、团体、企事业单位应当服务国防和军队建设的需要，支持兵员征集工作。[①]

我国公民所应履行的义务是由法律规定的，增加或废除义务条款必须经过严格的法律程序，任何单位和个人不得随意更改或增设法律义务，但义务一旦被法定就必须无条件履行。我国宪法和《中华人民共和国兵役法》规定中国公民有维护国家安全，依法服兵役的义务，“在征集期间，应征公民被征集服现役，同时被机关、团体、企事业单位招收录用或者聘用的，应当优先履行服兵役义务”。《兵役法修正案（草案）》的这一修订正是对“我国公民的法律义务需由法律规定”这一原则的具体化体现：它对服兵役这一法定义务遭遇客观情况冲突时的履行条件和顺序，给出了十分明确的限定。今天，很多年轻人在服役年龄选择进入大学学习或投考公务员等，均无可厚非，但是，如果是在被征集服役的同时被大学录取或被机关、企事业单位等招收录（聘）用，就应当无条件地先行履行服兵役的义务。

① 来源：《法制日报》，2011年10月25日。

案例传真A

享有权利，还须依法判断能否行使权利

林某今年30多岁，是张家港市某村村民，因与丈夫离婚精神受到极大刺激而患上精神病，病情时好时坏不稳定。2008年底，该村村委换届选举，在统计选民名单时，林某也要求自己参加选举投票，因为自己已经是成年人，完全有能力行使法律赋予自己的选举权利，应该被列进选民名单。但是，有的村民认为林某是精神病患者，无法正确表达自己的意愿，所以没有参加选举的权利；可是还有人认为，林某虽然无法正确表达自己的意愿，但她仍是本村村民，不应该剥夺其选举权。[①]

案例评析

公民所享有的权利大致可区分为两种：一种是从出生成为公民时即享有，如生命健康权；另一种权利是需要具备了一定条件（包括经济条件、政治条件和社会文化条件）才能享有或行使的，如选举权、受教育权等等。所以说，第一种权利享有即可以行使；但在第二种权利的享有和行使之间，还须首先依法判断是否具备行使的法定条件。例如我国《宪法》规定：凡满十八周岁的中国公民都享有选举权，依法被剥夺政治权利者除外。从这个规定来看，中国公民须年满十八周岁，而且在未被剥夺政治权利时都享有选举权。但是，享有权利并不意味着每个人都可以行使选举权：因为选举人大代表，行使选举权需要公民能够具备独立的判断能力，并能够对自己的行为负责。精神病患者是指精神失常，精神错乱，神志不清，失去了辨认或控制自己行为能力的人；这些精神病患者虽然享有法律赋予的选举权利，但是，由于其生理原因而丧失了行使的能力。其中，有些病患者长期处于失去行使和支配自己意志能力的状态，另外一些是处于间歇性发作状态。前者完全丧失行使选举的能力，经选举委员会确认之后，可以不列入选民名单；但对于间歇性发作的病患者，则应列入选民名单，若在投票选举日经选举委员会确认其精神状

① 来源：《张家港日报》，2013年4月22日。

况正常，则可以行使选举权；但如果当日其精神病发作，则应作为暂不能行使选举权利处理。

本案例中的林某应列入选民名单，根据投票选举当日选举委员会对其精神状况是否正常的确认情况，来决定其能否行使选举权。

案例传真B

依法纳税为了谁？

2011年11月12日，广州市在海心沙举办了“亚运一周年纪念晚会”，邀请了两位知名歌唱家来穗表演。越秀区地税局透露，在了解有关情况后，及时联系承办该活动的公司，宣传演出市场的税收相关政策，并辅导其办理相关纳税事项。两位知名歌唱家主动联系代理人代为申报缴纳相关税费，共缴纳个人所得税、营业税等税费45万元。

地税部门提醒，根据《税法》规定，对个人取得的应纳个人所得税的各项所得应主动向税务机关申报，扣缴义务人支付这类所得应该履行代扣代缴义务。对纳税人不主动申报的，将按照《中华人民共和国税收征收管理法》有关规定，由税务机关追缴其不缴或者少缴税款、滞纳金，并处不缴或少缴税款最高5倍的罚款；对扣缴义务人应扣未扣、应收未收税款的，将由税务机关向纳税人追缴税款，并对扣缴义务人处应扣未扣、应收未收税款3倍以下的罚款。①

案例评析

依法纳税，是公民的基本义务。国家通过法律手段保障公民个人的财产和经济利益不受侵犯，但如果企业、单位和个人不依法履行纳税的义务，则会损害国家的经济利益。每个公民都应该培养依法纳税的观念。每个个人的努力，是国家巨大财富永恒的源泉。马克思曾生动地形容：“税收，是喂养政府的奶娘。”

① 来源：《两明星一台亚运纪念晚会缴税45万元》，载《广州日报》，2011年12月6日。

一方面，国家保护了个人的经济利益，根据权责对应原则，个人也应通过依法、积极纳税来关心并贡献于国家的经济利益。另一方面，只有国家的经济利益得到切实保障，国力日益强盛，制度日趋完善，个人的权益才有可能充分实现。积贫积弱的国度，是没有个人权益、个人自由可言的。所以，依法纳税为了谁？既为了国家，也为了自己。

案例传真C

言论自由不是“谣言自由”

2013年4月，一则严重诋毁雷锋形象的信息被网名“秦火火”的人发布在互联网上并迅速传播，信息称“雷锋1959年为自己添置的皮夹克、毛料裤、黑皮鞋等全套高档行头共计90元左右，而当时雷锋一个月补助才6块钱”。这则消息引发大量网民对“秦火火”不满，北京市公安机关接到不少网民的报警，要求彻查诋毁雷锋形象的谣言制造者。北京市警方通过侦查发现以“秦火火”为首的北京尔玛互动营销策划有限公司（简称“尔玛公司”），专门通过互联网策划制造网络事件，蓄意制造传播谣言及低俗媚俗信息，恶意侵害他人名誉，严重扰乱网络秩序并非法牟取暴利。

另据警方的调查，尔玛公司自2010年3月在北京朝阳区成立以来，主要从事网络推手、网络营销等业务，为了提高网络知名度和影响力，以获得更多的非法营利，先后策划、制造了一系列网络热点事件吸引粉丝，使“秦火火”迅速成为网络名人。如“7·23”动车事故发生后，在网上编造、散布中国政府花2亿元天价赔偿外籍旅客的谣言，两个小时内就被转发1.2万次，挑动民众对政府的不满情绪。此外，他们还在网上捏造了所谓雷锋生活中的奢侈情节、全国残联主席张海迪拥有日本国籍，并对我国某著名军事专家、资深媒体记者、社会名人和一些普通民众等多人进行无中生有的恶意中伤。

同时，该公司还一直以非法删帖替人消灾、联系查询IP地址等方式非法牟利。“秦火火”承认，他制造并传播的谣言多达3000余条。

8月20日，“秦火火”等人因涉嫌寻衅滋事罪和非法经营罪被北京市警方刑事拘留。[①]

案例评析

《宪法》规定"公民有言论自由"，但同时任何人在行使自身权利的时候不得损害他人的权利；《宪法》第三十八条亦规定"公民的人格尊严不受侵犯。禁止用任何方法对公民进行侮辱、诽谤和诬告陷害"。"秦火火"等网络水军利用网络平台制造、传播谣言诽谤他人名誉已经触犯了我国民法和刑法的相关规定。按照《中华人民共和国民法通则》规定，散布谣言侵犯了公民个人的名誉权或者侵犯了法人的商誉的，要承担停止侵害、恢复名誉、消除影响、赔礼道歉及赔偿损失的责任。编制谣言严重影响社会秩序的，要负刑事责任。"秦火火"等人为他们自己的行为要负的法律责任正是如此。

延伸阅读

警惕非法的网络暴力

近年来，网络暴力随着互联网的发展逐渐进入公众视野，它主要表现为语言暴力和敌意行为，其背后所指涉的对象都是基于某一事件或某个人所引发的发酵性或暂时性的公共讨论。随着微博的广泛运用，以微博形成的话语暴力和敌意行为成为网络暴力的另一种重要力量。网络暴力更多的是指发帖（论坛、QQ群等），而微博暴力则主要是在微博社区里所进行的网络围观行为，是微博用户在利用微博传播信息之时，有意或无意对他人造成伤害的行为。非法的网络暴力侵犯了当事人的隐私权等合法权益，给当事人造成心理伤害或精神伤害，必须引起全社会，尤其是网络监管部门的重视。网络暴力的实施者，一样要承担应负的法律责任。

① 来源：新华网 http://news.sohu.com/20130821/n384728061.shtml. 2013年8月21日。

案例传真D

“上访妈妈”唐慧案

2006年，年仅11岁的乐乐遭到轮奸，被强迫卖淫，其间遭受虐待。母亲唐慧发现之后想方设法救出了女儿。然而，这么大的恶性事件多次到公安机关要求立案，结果却不了了之。为此，唐慧多次进行上访，被网友称作“上访妈妈”。最终于2008年4月，案件由永州市人民检察院向永州市中级人民法院提起公诉。几名犯人分获死刑、无期徒刑。2012年8月，湖南省永州市公安局零陵分局以唐慧在法院办公楼滞留15天并要求法院判处7被告人死刑，在有关机关门口阻车堵门等行为“扰乱社会秩序”为由，对唐慧处以“劳动教养1年6个月”。随后唐慧被押送至湖南株洲的白马垅劳教所。此事曝光之后引起社会巨大关注，在各方压力之下，唐慧被释放。

唐慧不服劳动教养决定，于8月7日向湖南省劳教委提出了书面复议申请。劳教委经审查，决定受理，并依法启动了复议程序。同月10日，唐慧的劳动教养决定经复议被依法撤销。

2012年11月5日，唐慧因其被劳动教养申请国家赔偿。2013年1月，永州市劳教委决定对唐慧不予国家赔偿。唐慧对此不服，2013年1月22日到永州市中级人民法院，正式对永州市劳动教养管理委员会提起行政诉讼。

2013年4月12日，永州市中院驳回唐慧要求永州市劳教委行政赔偿的请求。永州市中级人民法院以“唐慧要求行政赔偿的请求没有事实根据和法律依据”为由，一审宣判唐慧败诉。

2013年7月15日，湖南省高级人民法院对“上访妈妈”唐慧诉永州劳教委案进行二审公开宣判，唐慧胜诉。

案例评析

我国《宪法》第三十七条明确规定：“中华人民共和国公民的人身自由不受侵犯。任何公民，非经人民检察院批准或者决定或者人民法院决定，并由公安机关执行，不受逮捕。”《中华人民共和国立法法》规定了行政机关不能对限制公民人身自由的强制措施和处罚进行立法。

唐慧是因为女儿被迫卖淫，要求对渎职民警严肃处理的诉求得不到认可而踏上了上访之路，这是宪法赋予她的权利。《宪法》第四十一条规定："中华人民共和国公民对于任何国家机关和国家工作人员，有提出批评和建议的权利；对于任何国家机关和国家工作人员的违法失职行为，有向有关国家机关提出申诉、控告或者检举的权利。"

唐慧案涉及的公民的人身权、申诉权和控告权都属于公民最重要的宪法权利。保障公民的基本权利不受侵犯是一个民主和法治政府的首要义务。为了保障宪法的实施，我国已经建立了一系列制度，如公布了《中华人民共和国行政诉讼法》、《中华人民共和国国家赔偿法》、《中华人民共和国立法法》，《宪法》也明确规定：人民法院依法独立审判。所有这些都是为了保障公民的基本权利不受侵犯。但唐慧案显示，我国公民基本权利的保障还需社会各界不断做出努力。

案例传真E

道德义务和法律义务不能混为一谈

2012年8月23日下午1点多，杭州一辆从武林小广场开往农副产品物流中心的K192公交车上，一个身材瘦小的小伙子，坐在车厢中部正对着下车门的"照顾专座"上。在登云路口站，上来一对年轻夫妻，妻子手里抱着几个月大的孩子。这时，车厢广播响起："请给有需要的乘客让座，谢谢！"广播连播4遍，小伙子没有反应。到了和睦新村站，后排有人下车，抱着孩子的妻子寻到空位，坐了下来，而丈夫仍站在原地。这时，小伙正好抬头与丈夫对上眼。丈夫瞬间懊恼了："你看什么看，车上坐着还看，看笑话啊！"抡起手朝小伙脸颊扇过去，一左一右"啪啪啪……"小伙连吃5记耳光，红色镜框也被打飞了出去，鼻血"刷"地流了出来。这时，那个妻子还帮腔骂那个小伙子："你不是你妈养的吗？不知道让座。"两站路后，这对夫妻下车了。[①]

① 来源：《公民的基本权利必须得到保障》，载《人民政协报》，2013年4月22日。

案例传真F

坐在公交车专用座上有义务让座！

2013年3月，郑州一网友在微博上上传了一段视频：在挤满乘客的公交车上，一年轻女孩因未给一名60岁左右老人让座，被其拽住头发暴打，后被其他乘客分开。视频上传后引发了网友的大讨论。昨晚，郑州公交三公司相关工作人员证实此事因女孩未让座引发。[①]

案例评析

上面两个案例中的年轻人都是因为在公交车上没让座而被打，但要分清谁违法，谁有什么样的义务（例如被打者是否有义务让座），则要具体分析：

首先，一般情况下，打人都是违法的！因未得到让座而在公共场合掌掴对方、拽住头发暴打，都是侮辱了他人人格的违法行为。不但侵犯了他人的人格尊严，还涉嫌伤害了他人身体。

其次，要划清道德和法律的界限：一般座位乘客让座，是道德高尚的表现；不符合享用专座条件的普通乘客让出专座，却是他必须履行的合同义务。负有让座义务的条件包括：

1. 义务者是坐在“照顾专座”（有的车上写得更明白，专座叫做“老弱病残孕幼专座”）上的乘客；

2. 义务者是不符合享用专座条件的普通乘客，如无病、非残、非孕、没有抱小孩的年轻力壮者。

如果同时符合这两个条件，那么未让座就是没有履行合同义务。因为在公交车上设专座并要求乘客遵守，这不仅是公交公司对乘务人员提出工作要求（如提醒让座）的内部规章制度，同时也是对广大乘客发出的一项合同要约，而乘客购票乘坐时，就意味着承诺了履行此项义务——将专座让给老幼病残孕乘客专坐。这属于承运格式合同中一项合

① 来源：《公交车上没让座　女孩遭老汉揪头发暴打》，载《大河报》，2013年3月13日。

法的、有利于维护公序良俗的契约内容，应受到法律的保护和公众的遵守。案例E中坐在“照顾专座”上的小伙子，如果不具有被照顾的情形，那么他就有义务让座。但如果他自己是“弱病残”者，则应当理直气壮地坐在专座上。

案例F没有交待清楚女孩是否是坐在“照顾专座”上而未让座，如果是，道理同前；如果不是，她只是一个坐在普通座位上的身强力壮的青年人，没有让座给需要的人，应当谴责她的道德水平低下，但她的行为并不违法，任何公民都无需履行法律之外、合同之外的义务。不能把道德与法律混为一谈：把自己道德上的权利当作法律上的权利来行使，而把他人道德上的义务当作法律上的义务来要求。

社会应当大力提倡、积极促进公交车让座的道德风尚，却不能进行“道德绑架”，更不能采取任何变相的强制方式将道德风尚混淆为法律义务，因此而侵犯“假想义务人”的合法权益。

（本章作者：蒋余浩，广州大学发展研究院）

第二章　权利义务看分明

权利和义务是一切法律规范的核心内容。马克思曾说：“没有无义务的权利，也没有无权利的义务。”权利和义务具有一致性，我们每个人既是享受权利的主体，同时又是履行义务的主体。法律面前人人平等，依法享受权利和履行义务是人民当家作主的具体表现。

（一）一切权力属于人民

第二条　中华人民共和国的一切权力属于人民。

人民行使国家权力的机关是全国人民代表大会和地方各级人民代表大会。

人民依照法律规定，通过各种途径和形式，管理国家事务，管理经济和文化事业，管理社会事务。

第三条　中华人民共和国的国家机构实行民主集中制的原则。

全国人民代表大会和地方各级人民代表大会都由民主选举产生，对人民负责，受人民监督。

国家行政机关、审判机关、检察机关都由人民代表大会产生，对它负责，受它监督。

第三十三条　凡具有中华人民共和国国籍的人都是中华人民共和国公民。

中华人民共和国公民在法律面前一律平等。

国家尊重和保障人权。

任何公民享有宪法和法律规定的权利，同时必须履行宪法和法律规定的义务。

第三十四条　中华人民共和国年满十八周岁的公民，不分民族、种族、性别、职业、家庭出身、宗教信仰、教育程度、财产状况、居住期限，都有选举权和被选举权；但是依照法律被剥夺政治权利的人除外。

第四十一条　中华人民共和国公民对于任何国家机关和国家工作人员，有提出批评和建议的权利。

——《中华人民共和国宪法》

人民代表大会制度是我国根本的政治制度。我国宪法规定，中华人民共和国的一切权力属于人民，但是，人民并不是直接行使管理国家经济、政治、文化事务的权力，而是通过选举人民代表大会的代表组成各级人民代表大会，由各级人大接受人民的委托，按照人民的意愿来管理国家。例如，各级国家机关及其工作人员，都是通过同级人民代表大会产生并对其负责。

名词点击

贿选

贿选是指以获取选票为目的，用财物或其他利益贿赂选民、选举人或选举工作人员，使其违反自己的意愿参加选举，或者在选举中进行舞弊，并对正常的选举工作产生影响的活动。目前社会上出现的在人大代表选举、村委会选举中的贿选行为，均是违法行为。

政府信息公开

政府信息公开是指国家行政机关和法律、法规以及规章授权、委托的组织，在行使国家行政管理职权的过程中，通过法定形式和程序，主动将政府信息向社会公众或依申请而向特定的个人或组织公开的制度。广义上讲，政府信息公开包括政务公开和信息公开。政务公开主要指行政机关公开其行政事务，主要公开其执法依据、执法程序和执法结果；广义上的信息公开不仅要求政府公开其政务，还要公开其所掌握的其他信息。

案例传真A

年满十八岁，是公民行使选举权的一个条件

2011年9月15日上午，在北京市东城区建国门大风车广场举行的区县乡镇人大换届选举宣传日活动上，30名刚满18周岁的中学生的成人礼宣誓仪式格外引人注目。成人仪式上，同学们公开宣誓：“从今天起，我将认真履行和行使自己的选举权与被选举权，不负祖国和人民厚望，以我火热的青春，建设锦绣中华……”对他们来讲，今天的活动不仅标志着他们已经成年，而且也标志着他们可以作为选民行使自己的政治权利。

在成人礼宣誓仪式结束后，他们拿着自己的身份证进行了选民登记，到11月8日东城区投票选举的那天，他们将作为新选民投下神圣的选票。刚刚登记成为选民的高三学生王昊天说自己以前只是在课本中了解过选举，并没有很深的认识，而这次选民登记活动增强了他作为选民的责任感，他一定会深入了解候选人的情况，将选票投给真正为人民服务、办实事的候选人。①

案例评析

我国《宪法》第三十四条、《选举法》第三条规定：公民行使选举权的条件有两项：第一，年满十八周岁；第二，未被剥夺政治权利。即除了被依法剥夺政治权利的人之外，凡是中华人民共和国年满十八周岁的公民，不分民族、种族、性别、职业、家庭出身、宗教信仰、教育程度、财产状况和居住期限，都有选举权和被选举权。选举人民代表组成国家机关是国家赋予公民的政治权利，设定年满十八周岁作为公民行使选举权和被选举权的年龄界限，是因为必须要有相应的行为能力才能正确地行使自己的选举权。从生理上讲，年满十八周岁，人的大脑及身体各个机能发展基本完善，能够理性地辨别善恶是非，并为自己的行为负责，所以说年满十八周岁不仅只是行使选举权的年龄条件，它实质上是公民行使政治权利的行为能力条件。

---

① 来源：《法制日报》，2011年9月16日。

另外，《选举法》第二十六条规定：精神病患者不能行使选举权利的，经选举委员会确认，不列入选民名单；而被剥夺政治权利期满后恢复政治权利的选民，则应予以登记。

案例传真B

享有政治权利，是公民行使选举权的另一条件

2011年9月8日上午，广东省惠州监狱里，4000多名服刑人员参与惠州市惠城区第七届人民代表大会的投票选举，郑重地投下自己的选票。据悉，广东在押的12万多名服刑罪犯中，有近70%没有被剥夺政治权利的服刑人员参加了该年的人民代表大会代表换届选举的投票。在选举前，监狱组织服刑人员对宪法和《选举法》等法律进行了学习和讲解，将候选人的个人简介、工作情况等资料发放到每个监区，供服刑人员参阅和了解，方便他们确定投票对象。因绑架罪被判刑8年6个月的湖南籍服刑人员杨某说："虽然自己没有人身自由，但依然感受到被尊重，感受到社会和政府没有抛弃我们。"杨某说自己没进监狱之前虽然知道自己有参与人大代表选举投票的权利，但从来没有使用过，通过此次投票活动，今后会珍惜和履行好自己的权利和义务，将来出狱后会主动参与这样的投票选举活动。[①]

案例评析

我国宪法规定年满十八周岁的中国公民都享有选举权和被选举权，被剥夺政治权利者除外。剥夺政治权利是我国刑罚中的一种附加刑，适用于危害国家安全或严重破坏社会秩序的犯罪分子。不是所有的刑罚都附加了剥夺政治权利，那些没有被剥夺政治权利的服刑人员，其依法享有的政治权利不受服刑的影响，包括选举权和被选举权。保障他们行使选举权和被选举权，在监区内设立投票站使他们能够参与人大代表的投票选举，参与国家建设和社会管理，不仅是对罪犯人格尊严的尊重，也

① 来源：《羊城晚报》，2011年9月9日。

是对其合法权利的尊重。

法律链接

《中华人民共和国刑法》

第五十四条　剥夺政治权利是剥夺下列权利：（一）选举权和被选举权；（二）言论、出版、集会、结社、游行、示威自由的权利；（三）担任国家机关职务的权利；（四）担任国有公司、企业、事业单位和人民团体领导职务的权利。

案例传真C

贿选违法

2013 年 1 月 2 日，在湖南省邵阳市举行的省人大代表选举中，民营企业家黄玉彪以 20 多票之差落选。之后，黄玉彪在多家网站发帖实名举报称，邵阳市的省人大代表选举中存在贿选：他自己就是以千元左右一票的价格，花费 32 万元给 300 多名有投票权的邵阳市人大代表，最后仍落选。黄玉彪反映的情况引发了社会舆论强烈关注，湖南省相关部门也随之展开了全面调查。①

案例评析

黄玉彪通过给予选举人经济利益，要求其给自己投票（无论自己最后是否当选）属于贿选行为。贿选是通过金钱或其他物质利益收买选民，使其在选举中违背自己的真实意愿进行投票的舞弊行为。

贿选不仅是一种违法、犯罪行为，也是一种政治腐败现象，违背了“公平、公正、公开”的选举原则，令选举结果不公，而且对国家的民主政治建设和公民权利的正当行使都将产生恶劣的影响。

案例传真D

村委会选举不得违法

2002 年 12 月至 2003 年 3 月，上饶市信州区北门乡龙潭村委会进行换届选举，在“海选”期间，林某与华星鞋厂业主廖某同时被村民推选为村委会副主任候选人。为使村委会副主任一职实现等额选举，2003 年 3 月 5 日，林某与另两位村委会委员候选人（其中一位系林某亲戚）到竞选对手廖某家劝其退出竞选，并愿在经济上给予补偿。3 月 7 日晚，廖某通过林的亲戚转告林某同意退出选举，但要求补偿前期选举所开支的两万元。廖某收钱后于 3 月 10 日在村民代表大会上宣读了自愿退选的书面报告，3 月 11 日，林某在等额选举的情况下当选为龙潭村村委会副主任。

后来，信州区纪委根据群众举报，对林某在村级换届选举中贿选一案立案查处。经过调查研究，信州区纪委常委会决定给予林某开除党籍

① 来源：人民网 http://politics.people.com.cn/n/2013/0130/c70731- 20367352.html. 2013 年 1 月 30 日。

处分，有关部门也依法取消了其村委会副主任的任职资格。[①]

案例评析

村民委员会是村民自我管理、自我教育、自我服务的基层群众性自治组织，实行民主选举、民主决策、民主管理、民主监督。村民选举村委会主任、委员组成村民委员会不仅是村民当家作主，依法直接行使民主权利，管理本村经济、政治、文化和其他事务的具体体现；同时也是村民依据宪法进行基层民主自治建设，促进农村社会经济发展的必然要求。所以，参选村委会的选举权和被选举权，同样是公民的一项民主权利，必须依法予以保障。

林某给予村委会候选人廖某经济补偿，要求其退出竞选，使自己成为没有竞争对手的等额候选人，顺利当上村委会副主任，是违反了《中华人民共和国村民委员会组织法》的贿选行为，是对我国基层民主政治建设和公民民主权利的挑战和侵犯。而廖某接受林某经济补偿退出选举，不仅是非法买卖了法律赋予自己的被选举权，还令选举结果不公，其行为也同样违法。

案例传真E

村委会贿选违法

2001 年 11 月 25 日，贺兰县习岗镇经济桥村举行村民选举预选，原村委会主任徐某和村民石某、一社社长杨某、二社社长郭某分别得票 599 张、472 张、171 张和 169 张，徐、石二人便成为正式选举的候选人。27 日，石某突然退出选举，杨某就成为第二候选人。随后，杨某便在全村大肆展开了贿选活动。28 日下午，杨某分别找到四名村民，给他们“活动经费”，要求他们帮自己花钱拉选票。在 11 月 30 日的正式选举中，杨某以 841 票的绝对多数当选为习岗镇经济桥村村委会主任。杨某的当选和

① 来源：《江南都市报》，2003 年 8 月 26 日。

原村委会主任的落选，令许多村民感到很不正常，便向有关部门反映了杨某贿选的问题。中共贺兰县县委、人大、政府经过调查核实，杨某在全体村民会议上被宣布当选无效，有关人员也受到了相应的严肃处理。[①]

案例评析

在村委会选举期间，通过金钱、其他物质和请客吃饭等方式拉票，影响选举活动的公正性，属于违反《中华人民共和国村民委员会组织法》的贿选行为。村民根据自己意愿选举村委会成员组成村委会，是行使民主自治权利的具体实践。但由于部分村民受教育程度低，民主和法律意识不强，在选举活动过程中常常因为一些小恩小利就出卖自己手中的选票，是严重影响农村民主建设的违法行为。

延伸阅读

贿选行为的不同表现形式

自从实行村委会换届选举以来，大多数地方的农村都能按照《中华人民共和国村民委员会组织法》进行选举，但是仍有一些地方的村委会选举存在不同程度的贿选问题。概括来讲，贿选可分为如下五种形式：

（1）诱以钱物。钱从一元到上千元不等，物有洗衣粉、香烟、毛毯、面粉等等。而且，有相当一部分村委会候选人或亲自或委托他人，将钱物直接送给选民，以期将选票投给自己。有的每户送一盒香烟，有的送几十元钱，更有的送化肥、农药、种子等农业生产资料。

（2）请吃请喝。这种现象较普遍。有的候选人自己出面或让亲友出面宴请选民；有的还请乡（镇）、县（区）及部门领导吃喝，以便通过领导打招呼、写条子内定人选。

（3）游说恐吓。有的候选人四处奔走给群众“打招呼”，或指派其亲友登门做村民工作；有的候选人笼络村民感情搞空头许诺，表示要自掏腰包修公路、修学校、给贫困户盖房子等等，以不可能实现的承诺欺

① 来源：《法制日报》，2002年1月4日。

骗选民意志；有的候选人甚至组织本村“二杆子”、“混混”挨家挨户进行威胁恐吓，要求必须选自己。

（4）肆意操纵。有的候选人在选举前，利用宗族关系操纵选举，不但联络本村社的亲朋好友，而且还利用其他村社的亲朋好友做工作，进行不正当活动，干扰选举；有的候选人在选举中，安排其亲友遍布选区各处，用手机遥控指挥，名为监督，实为拉票，干扰选举。

（5）暗箱操作。有的候选人利用某些选民不会写名字、填选票的机会，要求指定自己人代笔，这些代笔人收到好处后，违背选民意志，本选张三，却填李四，偷梁换柱，进行违法违纪活动；有的候选人借某些村民投票后即离开现场的机会，中途擅自打开票箱改写或更换选票；有的候选人拉拢计票人和监票人按其需要计票。

尽管贿选形式不尽相同，但都是违法行为，既影响了农村基层民主政治建设的进程，也使村委会成为少数人利益的代表者，成为腐败滋生的土壤。①

法律链接

《中华人民共和国刑法》

第二百五十六条　在选举各级人民代表大会代表和国家机关领导人员时，以暴力、威胁、欺骗、贿赂、伪造选举文件、虚报选举票数等手段破坏选举或者妨害选民和代表自由行使选举权和被选举权，情节严重的，处三年以下有期徒刑、拘役或者剥夺政治权利。

《中华人民共和国全国人民代表大会和地方各级人民代表大会选举法》

第五十五条　为保障选民和代表自由行使选举权和被选举权，对有下列行为之一，破坏选举，违反治安管理规定的，依法给予治安管理处罚；构成犯罪的，依法追究刑事责任：

（一）以金钱或者其他财物贿赂选民或者代表，妨害选民和代表自由行使选举权和被选举权的；

（二）以暴力、威胁、欺骗或者其他非法手段妨害选民和代表自由行

① 来源：《检察日报》，2011年7月26日。

使选举权和被选举权的；

（三）伪造选举文件、虚报选举票数或者有其他违法行为的；

（四）对于控告、检举选举中违法行为的人，或者对于提出要求罢免代表的人进行压制、报复的。

国家工作人员有前款所列行为的，还应当依法给予行政处分。

以本条第一款所列违法行为当选的，其当选无效。

《中华人民共和国村民委员会组织法》

第十七条　以暴力、威胁、欺骗、贿赂、伪造选票、虚报选举票数等不正当手段当选村民委员会成员的，当选无效。

对以暴力、威胁、欺骗、贿赂、伪造选票、虚报选举票数等不正当手段，妨害村民行使选举权、被选举权，破坏村民委员会选举的行为，村民有权向乡、民族乡、镇的人民代表大会和人民政府或者县级人民代表大会常务委员会和人民政府及其有关主管部门举报，由乡级或者县级人民政府负责调查并依法处理。

案例传真F

安徽选出了首位农民工全国人大代表

2013 年 2 月 25 日，2987 名十二届全国人大代表资格审查有效，曾“感动中国”的“最美洗脚妹”刘丽成为安徽省首位农民工全国人大代表。

1980 年出生的刘丽是安徽省颍上县人，2000 年她前往厦门，在一家足浴城里当“洗脚妹”。她把辛辛苦苦攒下的积蓄捐给贫困学生，延续了上百个贫困孩子的读书梦，自己仍过着简朴的生活。刘丽的故事经媒体披露，感动了很多国人，2010 年她成为“感动中国年度人物”，被网友称为“最美洗脚妹”。

2012 年，刘丽当选为厦门市人大代表。她对媒体表示：“我的当选，其实也给了许多外来打工者一个希望，只要努力，什么事情都有可能。”2013 年 1 月，刘丽老家安徽省在十二届人大一次会议上选举出当地出席第十二届全国人民代表大会的 113 名代表，刘丽位列其中。[①]

案例评析

根据我国《宪法》和《选举法》的规定，年满十八周岁的中国公民，不分民族、种族、性别、职业、家庭出身、宗教信仰、教育程度、财产状况、居住期限，都享有被选举权。外来工刘丽当选为厦门市人大代表，甚至全国人大代表，正是这些写在纸上的法律规定在社会现实中的实践版。

刘丽来到城市从事“洗脚妹”这样一份并不起眼的工作。但她热爱自己的工作，更将自己的大部分积蓄捐助给贫困的孩子，富有爱心和社会责任感，在获得社会各界赞誉的同时，得到了广大选民的信任，大家推举这样的人代表自己行使管理国家的政治权利，感到放心。

案例传真G

选举人大代表以及产生政府机关领导的程序

2011 年 7 月，北京市人大常委会就换届选举事项作出决定。此后两个月，各区县经过组成选举委员会、选民登记、公布选民名单、推荐候选人、公布候选人名单、安排选民与候选人见面和投票准备等程序后，进入了投票阶段。到了投票日，选民投下庄严一票，选择自己的“代言人”。在新一届代表产生后，根据日程规划，11 月底北京市将召开新一届乡镇人民代表大会第一次会议，12 月底前召开新一届区县人民代表大会第一次会议，分别选举产生新一届乡镇、区县国家机关领导人员。[②]

案例评析

本案例展现了人大选举的过程和程序。人民代表大会代表通过民主

---

① 来源：《最美洗脚妹：我一周前才知道当选人大代表紧张》，载《北京青年报》，2013 年 3 月 1 日。

② 来源：《京华时报》，2011 年 11 月 9 日。

选举产生，选举制度是直接选举与间接选举相结合。其中，不设区的市、市辖区、县、自治县、乡、自治乡、镇的人民代表大会代表由选民直接选举；省、自治区、直辖市、设区的市、自治州的人民代表大会的代表是由下一级人民代表大会选举产生。公正的选举既有利于巩固国家基层政权，推动科学发展，促进社会和谐，同时也有利于培养公民意识、民主精神，增强法制观念。这是人民民主政治生活的重要内容。

延伸阅读

人大代表产生的程序

按照我国宪法、《选举法》和其他有关法律的规定，各级人大代表都是由民主选举产生的，选举采取直接选举和间接选举两种方式。不设区的市、市辖区、县、自治县、乡、民族乡、镇的人大代表，由选民直接选举产生。全国人大代表、省、自治区、直辖市、设区的市、自治州的人大代表，通过间接选举方式，即由下一级人民代表大会选举产生。

案例传真H

把选票投给自己信任的人，代表自己行使权利

2011 年是我国各地县乡两级人大换届工作年。新疆维吾尔自治区阿合奇县苏木塔什乡克孜宫拜孜村村民吐达洪·吐地巴依说："我选了我最信任的人当人大代表！我们的村支书阿不都热曼不但人好，而且工作也好，为我们干了很多好事。2010 年之前，我们家一直很贫穷，住的土房子四处透风。两个'巴郎'（孩子），小的在上学，大的高中毕业就在家闲着。村支书知道情况后，给我借了 3000 元，并按照国家抗震安居的政策，给我盖了抗震安居房。又给我的'琼巴郎'（大儿子）报名参加了广东省集体劳务输出，现在每个月'琼巴郎'都可以寄给我 2000 多元钱。阿书记真是好干部，我投票选了他，我们村所有的村民都投票选他当人大代表。"村民们纷纷表示，今后要更加支持村里工作，服从领导，

在村干部的带领下好好工作，一起创造幸福新生活。[1]

案例评析

人大代表由选民选举产生，选民将自己手中的权力委托给人大代表，人大代表根据选民的意愿代表其行使管理国家事务的权力，选举产生各级国家机关及其工作人员并对其实施监督。选民支持自己选出的人大代表的工作，服从自己选出的国家机关的管理，就是服从自己的权力意志。

通过民主选举产生的人大代表要对选民负责，真正做到权为民所用、情为民所系、利为民所谋。克孜官拜孜村村支书阿不都热曼干实事、好事，急村民之所急、忧村民之所忧，扎根在选民中间，全心全意为选民谋利，因而得到选民的广泛信任，拥护他作为人大代表去行使管理国家的权利。

延伸阅读

从民主制度分析我国为何不能完全实行直接选举？

直接民主是指每一个公民通过群体投票，直接参与所有政策的制订，典型的例子是古希腊的雅典城邦。但直接民主制度的实现需要一定的条件。概括来讲，直接民主只能在“小国寡民”中实现：国家的领土比较小，公民人数比较少，并且公民受教育的程度相当又彼此信任。这些是直接民主可能实现的基本条件。然而，近代民主国家建立以来，已经没有哪个国家单纯实行直接民主制度来管理国家。

间接民主，亦即代议制政治，是由公民选出代表来行使公共权力，管理社会事务，而不是由每个公民直接行使管理国家事务的权力。这种模式的优越性在于：一是成本低。代议政治所需支付的仅仅是代理成本和监督成本，而不是每个公民都将自己的时间和精力花在思考和处理每一件公共事务上。二是效率高。由于专业化的制度运作，在决定国家各项重要事项时不需要花费太多时间去首先普及必要的专业知识，也不会

① 来源：《法制日报》，2011年9月14日。

陷于无休止的争论中，而且合理性更强。三是能够挑选到更优秀的精英人才组成管理队伍，为公众服务。

中国的国情决定了我们不可能完全实行直接民主制度，而是以直接民主为基础、间接民主相结合的方式来实现人民当家作主，管理国家各项事务。概而言之，我国的具体国情包括：地域辽阔，我国国土面积为960多万平方公里；人口众多，13亿人口的基数巨大；经济社会发展不平衡，从区域来讲，东部沿海地区与中西部地区之间发展不平衡，就同一区域而言，农村与城市之间的社会经济发展水平也存在着较大差距；很多农村人口受教育程度低，民主观念和法制意识薄弱；有些地方交通还十分不便；等等。所以，在我国实行直接选举并不现实。

案例传真I

代表有联系选民的责任和义务

广州市人大常委会高度重视人大代表联系选民和群众工作。从2012年下半年起，在不到一年的时间里，全市基层人大工作机构建设完成了从破题到开局的快速飞跃，加强人大代表与群众联系的“主题曲”在南粤大地一遍遍奏响，成为广州市代表工作的一大亮点。目前，广州市在各区、县级市128个街道设立了人大工委，并结合中央、省关于人大代表进社区工作的部署和要求，进一步将人大街道工委的工作触角向基层延伸，建设了721个人大代表社区联络站，为各级人大代表依法履行职责、密切联系选民与群众搭建平台。为规范人大街道工委和联络站的工作，市人大研究制定了《广州市区、县级市人民代表大会常务委员会街道工作委员会工作办法》和《人大代表进社区工作办法》，明确了人大街道工委的职责以及人大代表进社区工作的活动主体、人大代表社区联络站的设立及其主要活动方式和内容等，为人大街道工委和人大代表社区联络站发挥其在服务代表联系群众方面的作用提供了制度保障。为便于各级人大代表深入社区了解社情民意，倾听群众呼声，市人大常委会还将广州市的全国人大代表、省人大代表、市人大代表按有利于开展工作的原则分配到各人大代表社区联络站中，和直接选举产生的区、县级市

人大代表一样，定期参加接待选民和群众活动。这种做法得到了全国人大常委会办公厅联络局的充分肯定，并在全国各省、市、自治区大力推广。①

案例评析

代表与选民之间的沟通更顺畅，联系更紧密，服务才能更有针对性，这是间接民主制不断优化的永恒课题。密切联系选民，了解社情民意，为选民行使好权力，是人大代表的基本职责。人大代表与选民之间的联系，并不仅仅是一般意义上的联系群众，这是一种特定的法律关系，是一种法律义务和责任，同时也是履行代表职务的一种形式。人大代表由选民选举产生，代表的是选民的意志和利益，因此人大代表行使权力时必须对选民负责，受选民监督。人大代表不仅要在人大会议期间提交议案、建议，行使选举、监督和决定重大事项等权力，在休会期间更要定期深入社区，了解群众的心声，切实解决人民群众生产生活中的实际问

① 来源：资料由广州市人大常委会提供。

题。代表们的各项工作必须时刻以联系选民和人民群众为前提和基础，否则，权力就会成为无源之水、无本之木。

案例传真

对代表履职的评价由选民说了算

从2004年开始，宜昌市西陵区实行人大代表回选区进行年度工作述职制度。代表述职后，由选民根据代表履行职责情况进行质询和评议，并按称职、基本称职和不称职进行投票。2004年11月，193名区人大代表分别回到所在选区，面对面向选民进行年度工作述职，接受选民监督和评议。西陵区人大代表回选区述职，既方便了选民了解和监督人大代表，也增强了人大代表“人民选我当代表，我当代表为人民”的责任感和使命感。区人大常委会为全区193名人大代表每人建立了一本“履行职责登记册”，在全区人大代表中开展了争当“满意代表、优秀代表”的竞赛活动。区人大代表、大型民营企业董事长屈明其，2004年针对选区下岗职工较多的情况，积极向区政府提交改进社区再就业工作的建议，同时挖掘本企业的潜力，安置了30多名下岗职工再就业。他的述职受到选民好评。该区翁家堰社区的选民向述职的几名人大代表反映：社区低保救助工作有漏洞，有些符合条件的人没享受，不符合条件的人却享受了。几名代表当即向有关部门提出质询，促使有关方面完善调查审核程序，聘请社会监督员监督，迅速纠正了低保金发放中的问题。①

案例评析

我国的《选举法》和《代表法》明确规定：代表受选区选民或原选举单位的监督。各级人大代表接受原选区或选举单位的监督，是实现人民当家作主的需要，也是巩固人民政权的需要。人大代表是受选民之托，代表他们管理国家各级政权。人大代表的日常工作必须放在如何反映和实现选民利益诉求上来，才能完成好选民之所托。然而，现阶段我国人大代表

① 来源：《湖北日报》，2004年11月15日。

的构成情况和履行职责的现状是：各级人大代表绝大多数都是兼职的，他们来自社会各行各业，都有着各自的本职工作；和选民接触有限，对社会的整体运作情况，社会管理的焦点、热点问题也很难有全面深刻的了解。因此，定期回原选区向选民述职，倾听选民心声，接受选民监督很有必要。

案例传真K

提交议案是人大代表履职的一种形式

2013年，两会全国人大代表共提交约400件议案，整体质量较高。在议案提交时间将要截止的时候，记者来到河南团驻地采访了正在紧张撰写议案的人大代表。敲开河南团代表朱正栩房门时，正值午休时间，但她并没有休息，而是在伏案工作，抓紧最后一天修改议案。和前几天相比，她的声音似乎有些沙哑。这次她提交的议案跟农村群体法制需求相关。她说："在我们大会休息、讨论甚至吃饭的时间，我有机会就和其他代表聊，想多搜集他们的意见看法，非常受启发，所以我这几天也不停地在完善，在修改。"另一位人大代表买世蕊这次提了关于终身教育立法的议案，她主张教育资源应该向乡村和西部倾斜。她说自己这个议案经过3个月的调研，走了4个城市，跟老百姓零距离沟通才提出来的，反映的是基层老百姓的心声。[①]

案例评析

我国法律规定人大代表享有提请议案权，即依照法律规定的程序向本级人大提出属于本级人大职权范围内的议案。议案是指人大代表向人民代表大会提交的议事原案。议案经过调研、讨论、不断修改，或若干代表们联署签名后才能正式提交。很多惠及民生的政策出台，往往就是从代表提交的议案开始的。合理的议案以调研为基础，调研必须深入基层，密切联系选民，真正把老百姓最关心的问题和社会发展过程中暴露

① 来源：中国广播网，http://china.cnr.cn/yaowen/ 201303/t20130312_512128616.shtml. 2013年3月12日。

的问题反映出来，这样才能为国家的正确决策提供重要的参考。提交议案既是享受人大代表应有的权利，同时也是代表履职的一种形式，是对选民和国家负责的表现。

案例传真

联名提出质询是代表的一项重要权利

广州市十四届人大三次会议将林绮芳等市人大代表提出的《关于深化“村改居”管理体制综合改革 促进新型城市化发展的议案》列入会议议程，并作出了相关决议。该议案认为，广州市“城中村”改制后，仍存在转制社区公共配套设施建设和管理政策未落实到位、集体经济组织承担行政管理职责以及转制社区居民社会保障水平偏低等问题，提出要深化“村改居”管理体制综合改革。[①]

案例评析

质询是人大代表的一项重要权利，可以通过此发挥人大重要的监督作用。人大代表对行政机关、审判机关、检察机关等国家机关工作严重不满意，或发现这些机关有失职行为，给国家和社会造成重大损失的，在人民代表大会会议上，可依法向有关部门提出质询。一般来讲，代表十人以上联名才可以书面提出质询案，而受质询机关的负责人必须到会进行答复。林绮芳等市人大代表，提出议案对政府的工作进行监督，并要求对其中所反映的已经影响到了人民群众切身利益的这些问题，进行综合改革，认真履行了代表职责，真正做到了为民谋福利。

延伸阅读

人大代表享有的权利和必须履行的义务

人大代表享有的权利：（1）出席本级人民代表大会会议，参加审

① 来源：资料由广州市人大常委会提供。

议各项议案、报告和其他议题，发表意见。（2）依法联名提出议案、质询案、罢免案等。（3）提出对各方面工作的建议、批评和意见。（4）参加本级人民代表大会的各项选举。（5）参加本级人民代表大会的各项表决。（6）获得依法执行代表职务所需的信息和各项保障。（7）法律规定的其他权利。

人大代表应该履行的义务：（1）模范地遵守宪法和法律，保守国家秘密，在自己参加的生产、工作和社会活动中，协助宪法和法律的实施。（2）按时出席本级人民代表大会会议，认真审议各项议案、报告和其他议题，发表意见，做好会议期间的各项工作。（3）积极参加统一组织的视察、专题调研、执法检查等履职活动。（4）加强履职学习和调查研究，不断提高执行代表职务的能力。（5）与原选区选民或者原选举单位和人民群众保持密切联系，听取和反映他们的意见和要求，努力为人民服务。（6）自觉遵守社会公德，廉洁自律，公道正派，勤勉尽责。（7）法律规定的其他义务。

案例传真M

罢免不合格的代表：选民最终权利的保留

2009年，原湖南省溆浦县民主街居委会党支部书记米晓东因为涉赌被免去职务，后因挪用公款罪，被法院判处三年有期徒刑，缓期三年执行。根据相关法律规定：对宣告缓刑的，不属于《代表法》规定的“正在服刑”，不应暂停其执行代表职务，但如果认为其不宜继续担任代表职务，原选区或选举单位可罢免其代表职务或劝其提出辞职。此时，摆在选民面前有两条路：要么劝辞，要么罢免。

由于米晓东本人不愿辞去人大代表一职，3月21日，138选区51名选民联名罢免要求被送到县人大常委会。选举任免联络工作委员会核实了联名的选民资格，并将此事报告县人大常委会主任会议，后者同意启动罢免程序，并确定4月15日为罢免投票日。由于无法联系到米晓东，县人大将申辩通知送达米晓东妹妹处，复印了51人联名的罢免要求以及罢免投票日通知，张贴在138选区显要位置的二三十处地方，复印件同时送至每一个选民住处。4月15日，进行了罢免投票，结果在次日10点公布：6444人参加投票，5553人赞成，159人反对，732人弃权。其中，投票站现场投票选民3000多人，另外2000多张选票来自流动票箱。赞成票远远过半，符合法定罢免条件。15天后，溆浦县人大常委会正式公告：终止米晓东的代表资格。①

案例传真N

广州依法行政走在全国前列

广州市委、市政府历来高度重视法制建设，依法行政工作始终走在全国的前列。2012年，在全国率先建立市政府常务会议后即时新闻发布制度和市政府领导定期新闻发布制度，并于2013年4月出台了重大民生决策公众意见征询委员会制度，率先在全国将公众意见征询委员会制度引入重大行政决策程序。2013年5月24日在广州市依法行政工作会议上又宣布：广州今年将继续全面推进政务公开，加大政府信息公开力度，陈建华市长特别重申，凡是不涉及国家秘密、商业秘密和个人隐私的政府信息，都要向社会公开。“以公开为原则，不公开为例外，确保权力在阳光下运行。”

广州将新闻发布会当作见证广州依法行政、阳光行政的窗口。据本报从市政府办公厅获悉，根据陈建华的要求，广州于2012年3月份在国内首创市政府常务会议新闻发布制度，截至本周，共举行了新闻发布会53场，发布议题156个，议题涵盖重点民生工程、养老、公办幼儿园等多个热点、重点话题。

从2012年6月份开始，广州再次创设了市政府领导新闻发布制度，固定每个月召开1场市政府领导新闻发布会，市领导先后作为主发布人出席并答记者提问，以“广州新型城市化发展”为主线，涵盖了“生态建设”、“幸福民生工程”等主题。

新闻发布会的组织方人员告诉记者，广州首创两种新闻发布会制度

① 来源：《新京报》，2010年5月26日。

在全国引起了巨大反响，创下全国地方城市新闻发布的纪录，“来学习考察的兄弟城市都希望借鉴广州的模式”。

记者了解到，广州还在酝酿进一步开放的新闻开放的举措，今年还将着力健全完善监督体系，支持媒体曝光不当行政行为，以推进依法行政工作。具体措施包括要保障和支持审计、监察等部门依法独立行使监督权，切实发挥行政复议和行政诉讼的作用。完善群众举报投诉制度，支持新闻媒体对违法或者不当行政行为进行曝光，依法保障人民群众监督政府的权利。加强行政审批电子监察，严肃查处违规审批、越职审批等行为，严格追究责任。要强化政府法制机构统筹规划、部署落实、督促检查、协调指导的职能作用。①

案例传真

第一个“吃螃蟹”的政府信息公开规定

2003年1月1日，《广州市政府信息公开规定》正式实施，这是我国第一部有关信息公开的地方规章。2002年5月，广州市成立《政府信息公开规定》立法起草小组。《广州市政府信息公开规定》草案四易其稿。立法小组先根据国外的大量资料拟出第一稿；在听取全国各地行政法学专家意见的基础上形成第二稿；在考察了青岛、上海、南京等城市的做法后，又形成第三稿；征询广州市政府各部门意见后形成第四稿。第四稿经广州市政府常务会议讨论通过，2002年11月6日公布，2003年元旦实施。

《广州市政府信息公开规定》公布实施后，在全国引起示范效应和连锁反应。在此后一两年的时间里，上海、深圳、重庆、北京、厦门等地都制定了政府信息公开的相关规定，建立了新闻发言人等配套制度。随着一些地方政府纷纷制定信息公开规章，2008年，中央政府立法的时机渐渐成熟，《政府信息公开条例》在制定过程中，广州市规定的大部分条文都被条例所吸纳。

2003年5月，耶鲁大学中国法研究中心副主任贺诗礼在美国《商业

① 来源：《广州日报》，2013年5月25日。

周刊》上发表文章，称中国已跨入政府信息公开行列。[①]

案例评析

宪法给予了公民对人大以及政府的监督权，公开是最阳光、最有效的监督。目前，政府的信息公开大致可分为主动和被动两类：一类是政府主动公开的项目；另外一类是个人或组织依法向政府申请而公开的信息。对拒不公布信息的政府部门，公民可依法向法院提起诉讼。

政府信息公开是拓宽群众参政议政渠道，加快政府职能转变，建设法治政府和阳光政府的必然要求，也是避免政府滥用职权，杜绝腐败的重要手段。政府的权力来自全体人民，信息公开合法化、规范化对保障公民知情权和监督权具有重要作用，同时有利于公民维护自身利益，是实现人民当家作主的本质要求。所以，政府部门信息公开的意识强不强，能不能主动公开，以及对于个人和组织申请公开的信息能不能依法及时

① 来源：《瞭望》，2009 年第 29 期。

予以公布，不仅是政府转变官本位的工作理念，加强服务意识的表现，更是保障公民的知情权，主动接受社会监督的法治之道。广州的这一全国领先做法，充分表现出了广州市政府作为法治政府的自信。

法律链接

《中华人民共和国政府信息公开条例》

第三十三条　公民、法人或者其他组织认为行政机关不依法履行政府信息公开义务的，可以向上级行政机关、监察机关或者政府信息公开工作主管部门举报。收到举报的机关应当予以调查处理。

公民、法人或者其他组织认为行政机关在政府信息公开工作中的具体行政行为侵犯其合法权益的，可以依法申请行政复议或者提起行政诉讼。

延伸阅读

“三公经费”晒出健康

中央部门公开“三公经费”，是中国政务公开的里程碑，也是中国政治体制改革具有实质意义的举措，未来甚至有可能激发新一轮的中国社会变革。

截至2011年7月18日，中央98个部门中有30个根据国务院的要求，首次公开了2010年度“三公经费”，舆论在紧盯着剩下68个部门的动作。这很可能是中国政务公开的一个里程碑，也是中国政治体制改革具有实质意义的举措。人民监督执政者，尤其监督执政者怎么花钱，到了动真格的时候。公布“三公经费”是好事。但与此同时，民众似乎也觉得“乱”了起来，看到了相关数据，但却不太能看懂里面的“门道”。所以，当前有关部门需要做的是，多做一些解读、解释，让民众充分地看懂这些已公布的数据。[①]

① 来源：《民主与法制时报》，2011年7月27日。

（二）权利义务不可分割

第三十三条　中华人民共和国公民在法律面前一律平等。

任何公民享有宪法和法律规定的权利，同时必须履行宪法和法律规定的义务。

第四十六条　中华人民共和国公民有受教育的权利和义务。

国家培养青年、少年、儿童在品德、智力、体质等方面全面发展。

第五十一条　中华人民共和国公民在行使自由和权利的时候，不得损害国家的、社会的、集体的利益和其他公民的合法的自由和权利。

第五十二条　中华人民共和国公民有维护国家统一和全国各民族团结的义务。

第五十三条　中华人民共和国公民必须遵守宪法和法律，保守国家秘密，爱护公共财产，遵守劳动纪律，遵守公共秩序，尊重社会公德。

第五十四条　中华人民共和国公民有维护祖国的安全、荣誉和利益的义务，不得有危害祖国的安全、荣誉和利益的行为。

第五十五条　保卫祖国、抵抗侵略是中华人民共和国每一个公民的神圣职责。

依照法律服兵役和参加民兵组织是中华人民共和国公民的光荣义务。

第五十六条　中华人民共和国公民有依照法律纳税的义务。

——《中华人民共和国宪法》

公民的基本权利与义务，是宪法规定的公民在国家经济、政治、文化和社会生活中享有的必不可少的权利与必须履行的义务。

权利与义务是对等的，有权利就有义务。公民在行使宪法和法律赋予的权利的同时，必须履行相应的义务。这就要求我们提高权利和义务意识，知道我们享有的权利有哪些，必须履行的义务又有哪些，做到依法行使权利，不随意滥用权利，同时积极、主动地履行义务，不逃避义务。

案例传真A

履行义务不容选择

2013年1月，广东省人民检察院召开新闻发布会，向媒体通报广东检察机关打击破坏环境资源保护类犯罪方面的工作，同时向记者指出："目前，广东环境资源遭到破坏的案件呈频发态势，给人民群众造成了极大的经济损失和无法弥补的能源资源和生态环境的破坏。"据统计，2011年至2012年，广东全省检察机关共受理破坏环境资源保护类犯罪案件235件计391人，涉及罪名主要有污染环境罪、非法收购珍贵与濒危野生动物罪、非法占用农用地罪、非法采矿罪、滥伐林木罪以及背后职务犯罪，如滥用职权罪、徇私舞弊不移交刑事案件罪、受贿罪等罪名。[①]

案例评析

我国《宪法》规定：禁止任何组织或者个人用任何手段侵占或者破坏自然资源。目前，危害能源资源和生态环境的情况时有发生，对能源资源及生态环境造成极大的甚至是无法弥补的破坏。自然资源和生态环境是我们生存发展的基本物质条件，一旦遭到破坏将无法再生，最终损害的还是我们人类自身。珍惜资源、保护环境，不仅仅是宪法要求我们履行的基本义务，也是我国一项必须长期坚持的基本国策。每个公民都有义务从我做起，从小事做起，例如，随手关灯关水、拒绝使用一次性餐具、节省纸张、回收可利用资源，等等。不仅如此，每个公民还有责任培养自己的公众参与意识，例如，积极参与立法、决策，积极履行社会监督责任，等等。对于类似这些的公民义务，我们每个人都必须无条件履行，而无权选择是否履行。

① 来源：《法制日报》，2013年1月10日。

延伸阅读

公民基本权利基本义务的内涵、法律意义及其类别

公民的基本权利也称宪法权利，是指宪法规定的公民享有的主要的、必不可少的权利。公民基本权利虽然和其他一般权利在本质上相一致，但它具有其自身的法律特性：（1）基本权利决定着公民在国家中的法律地位；（2）基本权利是公民在社会生活中最主要、最基本而又不可缺少的权利；（3）基本权利具有母体性，它能派生出公民的一般权利；（4）基本权利具有稳定性和排他性，它与公民资格密不可分，与每个公民的法律面前一律平等的法律地位也密不可分。我国公民的基本权利包括：（1）政治权利和自由，是指公民依法享有参加国家政治生活方面的权利和自由。包括两大方面：第一，选举权和被选举权；第二，政治自由，包括言论、出版、集会、结社、游行、示威的自由。（2）宗教信仰自由。（3）人身自由权利。广义的人身自由权包括公民的人身、人格尊严和住宅不受侵犯，以及与人身自由密切联系的通信秘密受法律保护。（4）社会经济权利，包括财产权、继承权、劳动权、休息权、物质帮助权、离退休人员的生活保障权。（5）教育、科学、文化权利和自由。（6）特定主体的权利。所谓特定主体包括妇女、母亲、儿童、老人、离退休人员、烈军属、华侨、归侨和侨眷在内的人员。其权利包括：第一，妇女、婚姻、家庭、母亲、儿童和老人受国家保护；第二，保障离退休人员和烈军属的权利；第三，保护华侨、归侨和侨眷的正当权益。（7）监督权利。宪法规定公民有对国家机关和国家工作人员提出批评和建议的权利，对其违法失职行为有向国家机关提出申诉、控告或者检举的权利。

公民的基本义务也称宪法义务，是指由宪法规定的公民必须遵守和应尽的根本性责任——它是国家对公民最重要、最基本的法律要求，是公民必须履行的最低限度的，也是最主要的责任。与法律规定的一般义务相比，其法律意义表现为：（1）公民的基本义务是公民在社会和国家生活中最主要、最根本和不可缺少的义务；（2）公民的基本义务构成法定义务的基础和原则；（3）公民的基本义务反映并决定着公民在

国家中的政治与法律地位。

概而言之，我国公民的基本义务主要有以下六个方面：（1）维护国家统一和各民族团结；（2）遵守宪法和法律，保守国家秘密，爱护公共财产，遵守劳动纪律，遵守公共秩序，尊重社会公德；（3）维护祖国的安全、荣誉和利益；（4）保卫祖国、依法服兵役和参加民兵组织；（5）依法纳税；（6）宪法规定的其他义务，例如公民有劳动和受教育的义务。

案例传真B

不履行义务就是违法

“我不想上学了，班上真正在读书的人没有多少。”这几天，眼看就快开学了，河南省博爱县坞庄村的小宋一直盘算着要不要也辍学到外地去打工。小宋是一个不到15岁的农村男孩，正在上初二，学习成绩中等，初一时还得过奖，他说他特别喜欢体育，理想是长大当一名体育老师。前几天，他的同学小杜找他商量，要不要一起去苏州打工，有20多人有同样的想法，都是同村同学。小宋有些想去，“反正也考不上大学，与其在学校浪费时光，还不如出去打工赚钱”。他已经向父母说过了，父母没有意见。“学到最后，也学不出什么东西，毕业了啥工作都找不到，打工赚些钱比较实在，那么多娃都在外面，也不用担心他出事。”这不只是小宋父母的想法。小宋说，他的表姐，和他一样大，已经在外面打工一年多了，春节回家过年时，给家里带回了不少钱。2006年，全国农村实行免费义务教育，但这种辍学情况并未得到改善。河南省博爱县坞庄学校教务主任宋满堂对于每年辍学的学生人数会做一个大概统计，例如，2006年入学的学生有80多人，到2009年毕业的时候只剩下30多人。①

案例评析

我国《宪法》规定“中华人民共和国公民有受教育的权利和义务”。

① 来源：《人民日报》，2010年9月1日。

《中华人民共和国义务教育法》进一步明确规定："凡具有中华人民共和国国籍的适龄儿童、少年，不分性别、民族、种族、家庭财产状况、宗教信仰等，依法享有平等接受义务教育的权利，并履行接受义务教育的义务。"也就是说，每位家长都有义务让子女完成九年制义务教育，在义务教育阶段（初中毕业）未完成之前，有义务不让孩子辍学。如果默许甚至要求孩子辍学，不仅是目光短浅、只顾眼前利益，更是一种违法行为。对于这样的学生家长，地方政府、教育部门有权对其进行批评教育，责令其限期改正，而对拒不悔改的可以向法院提请公益诉讼，强制其履行让子女完成义务教育的义务。

延伸阅读

权利与义务的关系

从结构上看，权利或义务都必须以另一方的存在和发展为条件。从这一意义上讲，可以说"没有无义务的权利，也没有无权利的义务"。同时，权利与义务互为边界，一方面，权利主体不能怠于自己义务的履行；另一方面，权利主体有资格要求义务主体不折不扣地履行义务，以保障其权利的实现。

从数量上看，一个社会的权利总量和义务总量是相等的。某一社会成员在某一具体的法律事件或行为中所享有的权利和承担的义务，可能并不总是完全对等的，但在法律关系的总体上权利与义务是等值或等额的。

从功能上看，二者是互补关系。权利提供不确定的指引，义务提供确定的指引。权利指引留给人们较大的自我选择余地，它们预设的法律后果带有较大的或然性，即不确定性。但义务是法律要求人们必须依法做出的行为。它抑制法律禁止的行为，而不容个人选择，因此，法律义务都是确定的。①

① 张文显等著：《法理学》，高等教育出版社，2007年版，第146～148页。

法律链接

《中华人民共和国未成年人保护法》

第十三条　父母或者其他监护人应当尊重未成年人受教育的权利，必须使适龄未成年人依法入学接受并完成义务教育，不得使接受义务教育的未成年人辍学。

《中华人民共和国义务教育法》

第五条　适龄儿童、少年的父母或者其他法定监护人应当依法保证其按时入学接受并完成义务教育。

案例传真C

维权也须依法进行

张某、景某系外来务工人员，辛苦工作一年却拿不到工资。2012年8月16日，张某、景某与上百名外来务工人员聚集在克西路的一家建筑单位索要拖欠的工资，并将楼门封住。该单位人员报警后，辖区派出所和市公安局多名民警赶到现场维持秩序。其间，张某和景某等人情绪激动，对民警进行推搡、拉扯和殴打，致使民警刘警官、吴警官等人受伤。经鉴定，受伤民警的损伤程度均属轻微伤。案发当日，张某和景某在被带至公安机关，在审讯过程中，承认了自己动手打人的事实，并对受伤的民警进行了经济赔偿，获得了谅解。同年9月21日，张某、景某被取保候审。2013年1月4日，检察机关以张某、景某涉嫌妨害公务罪，向法院提起公诉。法院审理认为，张某、景某以暴力方式阻碍公安民警依法执行公务，并致多名民警轻微受伤，两人行为已经构成妨害公务罪。最终，法院依法判处两人各处罚金1500元。①

案例评析

根据权利义务相一致的基本要求，行使权利必须在合法的范围内，

① 来源：新疆网 http://www.xinjiangnet.com.cn/xj/corps/201303/t20130310_3135011.shtml.2013年3月10日。

必须在履行相应义务的前提下。本案例中的张某、景某等向雇主追讨拖欠的工资本是法律赋予劳动者的基本权利。然而，他们却因没有在履行遵守法律义务的前提下行使权利而侵犯了他人的其他合法权利；更因为使用了违法手段而使自己从受害者变成了违法者。特别是聚集上百名外来务工人员围堵雇主单位楼门，已经妨碍了单位的正常生产秩序，在民警接到报案前来现场维持秩序时甚至“一时冲动”将民警打伤，妨碍了公务人员执法，触犯了刑法。在现实生活中，类似的暴力讨薪违法事件时有发生。当我们的合法权益受到侵犯时，我们必须时刻记得要运用法律手段理性维权、合法维权。

法律链接

《中华人民共和国刑法》

第二百七十七条　以暴力、威胁方法阻碍国家机关工作人员依法执行职务的，处三年以下有期徒刑、拘役、管制或者罚金。

案例传真D

不正当地“享受权利”，违法！

2010年8月5日上午，广州交警部门在市中心区域的白马服装市场周边街道，仅用半个多小时就查获非法载客的8辆残疾人机动轮椅车和11辆电动自行车。由于残疾人机动轮椅车的排量一般在50毫升以下，交警部门只能按照非机动车的相关规定进行认定，处以50元以下的罚款，这样的罚款数额对于非法营运者而言威慑性不大，因此不少非法营运者租借残疾人机动轮椅车或购买报废的车辆进行运营。广州交警部门表示他们一直在对残疾人机动轮椅车辆违法营运的问题进行查处，但从根本上解决问题还需要更多部门的综合管理。①

① 来源：新华网 http://news.xinhuanet.com/2010-08/06/c_12415076.htm.2010年8月6日。

案例评析

行使权利，必须在法律界定的范围之内，越界就是不正当的行使，也就构成了违法。残疾人机动轮椅车本是政府为方便残疾人出行而发放的特殊交通工具，可是有部分残疾人却自己利用，甚至有偿出让给他人使用这些车辆上道拉客从事非法运营，违背了公民必须正当行使权利的义务，这是违法行为的一种表现方式；更有甚者，一部分健康人假冒残疾人，驾驶残疾人机动轮椅车从事非法运营。这些做法不仅是假冒残疾人的诈骗行为，侵犯了残疾人群体的合法权益，还损害了正常的出租车车主的合法权益，扰乱市场经营秩序，给乘车人带来安全隐患。

（三）法律面前人人平等

第五条 一切国家机关和武装力量、各政党和各社会团体、各企业事业组织都必须遵守宪法和法律。一切违反宪法和法律的行为，必须予以追究。

任何组织或者个人都不得有超越宪法和法律的特权。

第三十三条 中华人民共和国公民在法律面前一律平等。

——《中华人民共和国宪法》

在法治社会中，“法律面前人人平等”是树立和维护法律的绝对权威，实现依法治国的一条基本原则。这就要求所有公民都平等地享有法律赋予的权利，平等地履行法律规定的义务。无论职位有多高、权力有多大，决不允许任何组织和个人有超越法律规定的任何特权，只要违反法律就必须依法受到法律的制裁。此外，任何组织和单位，特别是国家机关，也应当在法律规定的范围之内行使手中的权力，不得随意滥用职权，凌驾于法律之上，必须杜绝任何权大于法的行为。

案例传真A

法律面前，任何人都没有特权

2013年7月8日，北京市第二中级人民法院对原铁道部部长刘志军受贿、滥用职权案作出一审宣判。法院经审理查明：1986年至2011年，刘志军在担任郑州铁路局武汉铁路分局党委书记、分局长，郑州铁路局副局长，沈阳铁路局局长，原铁道部运输总调度长、副部长、部长期间，利用职务便利，为邵力平等11人在职务晋升、承揽工程、获取铁路货物运输计划等方面提供帮助，先后非法收受上述人员给予的财物共计折合人民币6460万余元；刘志军在担任铁道部部长期间，违反规定，徇私舞弊，为丁羽心及其与亲属实际控制的公司获得铁路货物运输计划，获取经营动车组轮对项目公司的股权，运作铁路建设工程项目中标，解决企业经营资金困难提供帮助，使丁羽心及其亲属获得巨额经济利益，致使公共财产、国家和人民利益遭受重大损失。最终，法院依法做出判决：刘志军以受贿罪判处死刑，缓期二年执行，剥夺政治权利终身，并处没收个人全部财产；以滥用职权罪判处有期徒刑十年；数罪并罚，决定执行死刑，缓期二年执行，剥夺政治权利终身，并处没收个人全部财产。①

案例评析

我国法律规定所有公民在法律面前一律平等，不允许任何组织或个人享有特权而超越于法律之上。刘志军原来担任我国铁路部门重要领导职务，对我国铁路事业，特别是中国高铁事业的发展作出了一定的贡献。但是，在其履职期间却徇私舞弊，滥用职权，贪污受贿，将公共权力这一“公器”变成牟取个人利益的“私器”，严重违反了相关法律的规定，必然会受到法律的惩罚。刘志军因贪污受贿、滥用职权被依法查办，体现了中央政府依法治党、从严治党的基本方针，决不允许任何组织和个人凌驾于法律之上的倡廉肃贪决心。

① 来源：《法制日报》，2013年7月9日。

案例传真B

“我爸是李刚”也没有用

曾经引起社会广泛关注的河北大学“10·16”校园车祸案30日一审宣判，河北省望都县人民法院认定李启铭醉酒驾驶，致1人死亡1人受伤，且肇事后逃逸，构成交通肇事罪，李启铭被判处有期徒刑6年。2010年10月16日晚，李启铭酒后驾车到河北大学新校区生活区，将两名女生撞倒后被保安和学生扣留。酒醉的李启铭当时大喊“我爸是李刚，有本事你们告去”。后来，警方经对李启铭采血并对所驾车辆进行检测，鉴定为醉酒超速驾驶。其中一名伤者陈晓凤因抢救无效死亡。此案于2011年1月26日在河北省望都县人民法院公开开庭审理。望都县人民检察院以交通肇事罪起诉李启铭，列举了相关犯罪事实。李启铭当庭认罪，对犯罪事实供认不讳。①

案例评析

网络流行语“我爸是李刚”，尽管成了广泛用于调侃官二代的标签语言，但在现实生活中却并没有能够让李家享受到任何法外开恩的特权。我国宪法规定，法律面前人人平等，不允许任何组织和个人有超越法律之上的特权。按照《中华人民共和国道路交通安全法》规定，酒后驾车系严重违法行为，酒后驾驶机动车造成重大交通事故，构成犯罪的，将被依法追究刑事责任。李启铭醉酒驾车，致一死一伤，且事后逃逸，属严重的交通肇事罪。李某致人死伤之后未生悔意，竟高喊“我爸是李刚，有本事你们告去”，无知地认为其父担任地方重要职务就可以一手遮天，但判决结果表明：任何试图凌驾于法律之上的行为都必将受到法律的严惩。

相关链接

法律面前人人平等：对在港外国人亦不例外

有媒体质疑美国“棱镜门”事件揭秘者爱德华·斯诺登的美国护照已

① 来源：《法制日报》，2011年1月31日。

被注销，为何仍可离开香港，香港入境事务处于2013年6月24日回应称，至今并未接获美国政府有关斯诺登的护照已被注销的通知。特区政府证实，斯诺登6月23日已自行循合法和正常途径，离开香港前往第三国。外交部发言人华春莹24日在例行记者会上就美国“棱镜门”事件揭秘者爱德华·斯诺登离港问题表示，香港是法治社会，中央政府一贯尊重香港特区政府依法办事。有记者问：香港特区政府允许斯诺登离港，是否获得了中国中央政府批准？华春莹说：“香港特区政府就斯诺登离港问题作出了清晰说明。香港是法治社会，根据香港特别行政区基本法和‘一国两制’原则，中央政府一贯尊重香港特区政府依法办事。”①

链接点评

这个案例充分说明：法律面前人人平等，对在港外国人亦不例外。

正如香港特区行政长官梁振英所表示的那样：斯诺登作为一名普通旅客，使用合法和正常的渠道，从机场自行离开香港前往第三国，并没任何法律根据阻止或限制他离港。梁振英强调，香港市民和国际社会，期望和要求特区政府根据香港的法律，包括基本法制定的“一国两制”、港人治港、高度自治的精神，和香港其他本地立法的法律，用香港的程序坚守法治精神。

案例传真C

政府作为也须以守法为底线

睢宁县委2009年出版的《睢宁改变》一书中，将当地民风描述为：老百姓“喜争好斗善诉讼”。县委书记王天琦表示睢宁是“双严管”，不但要严管干部，也要严管民风。他介绍说，要在睢宁建立起个人信息数据库，按照信用评级标准，把个人信用分为A、B、C、D四个等级，并按照“一处守信，处处受益；一处失信，处处制约”的原则对评估结果进行使用，倡导“守法、守信，向善、向上”的良好民风。王天琦所说

① 来源：《法制日报》，2013年6月25日。

的信用评级，指的是2009年9月4日由中共睢宁县委全体会议通过的《睢宁县大众信用管理试行办法》（以下简称《试行办法》）及《睢宁县大众信用信息评估细则》。《试行办法》的第六条明确列举了大众信用信息的范围：个人基本信息、商业服务信用信息、社会服务信用信息、社会管理信用信息、社会信用特别信息。具体内容除了个人银行信贷记录、个人履行合约记录等这样的常见金融征信内容外，还包括了“家庭暴力、不履行赡养、抚养义务记录”、“围堵党政机关、企业、工地、无理闹访、缠访等记录”、“个人超计划生育记录”、“交通违法记录”等在普通人印象里与诚信并没有直接关系的内容。[①]

案例评析

我国法律规定，任何单位和个人必须在法律规定的范围内行使职权。睢宁县将公民个人生活的各个方面引入大众信用征集系统，涉嫌多重违法。首先，出台这份征信办法严重违反了法定权限。睢宁县出台的信用等级评价，是与诸如政审考察、资格审核、执照审核、政策性扶持、补助项目等方面的行政许可和行政审批挂钩的，但诸如入学、就业、低保、社会救助，法律对于取得它们的条件早已经作出了明确的规定，睢宁县并没有权力法外设法。其次，这样的征信办法也涉嫌侵犯公民的诸多权利，属于实质违法。比如对于低保者来说，这是一项对公民最低生活进行保障的权利，它不能因为公民不守信的行为而被剥夺。还有将所谓“无理闹访、缠访等记录”都与入学、就业、低保、社会救助挂钩，这实质上就是擅自将公民依上位法的规定可以享有的权利，另外设置了适用条件，属于扩权行为。同时，这样也限制了公民进行申诉的权利等等。按照宪法规定的原则，任何组织和个人在法律面前都是平等的，政府的管理也必须遵守相应的法律，遵循法定程序，履行法定职责，政府作为也须以守法为底线，不能以权代法，更不能通过违法手段来为懒政寻求便利。

① 来源：《京华时报》，2010年3月27日。

案例传真D

政府部门不得滥用职权压制群众监督

2009年3月6日下午2点左右，正在上海某公司上班的王某，被来自灵宝市刑警大队和网警大队的民警铐回老家灵宝市，并以他在网上发了篇题为《河南灵宝老农的抗旱绝招》的帖子涉嫌诽谤罪而将他刑拘。2008年下半年，王某和父亲通电话时得知，家乡大王镇要用以租代征的形式征地五六百亩，而以租代征是国家不允许的。随后，王某就通过网络在线信访多次向河南省国土资源厅举报，但一直没有结果。2009年2月12日，王某以《河南灵宝老农的抗旱绝招》为题发帖，将被征土地上让羊吃麦苗等图片发布到网上，并说明“这个帖子至少价值3000万人民币，如果你们能顶10万帖，那么就有一群县级干部要下台……”这个帖子一上网就火了，网易、新浪、搜狐、雅虎等网站都将其放在首页，也惊动了灵宝市当地相关部门，他们并要求公安机关查处。灵宝市公安局经调查，确认王某有嫌疑，并于3月6日在上海将王某抓捕，罪名是“诽谤”。3月13日，被关了8天的王某取保候审。4月16日下午，河南省副省长、省公安厅厅长秦玉海做客人民网，坦承灵宝警方在处理王某事件上执法有过错。4月17日，灵宝市政府派专人赴上海向王某道歉，并就其被错误拘留8天给予了783.93元国家赔偿。[①]

案例评析

我国法律规定，公民享有言论自由，有监督政府的权利。诽谤罪是指捏造并散布虚假事实，足以败坏他人名誉，情节严重的行为。所以，诽谤罪有两个必要的构成要件：一是针对具体的个人，而不是单位；二是严重危害社会秩序和国家利益。可见，并不是所有的诽谤行为都构成诽谤罪。公安机关是我国的执法机关，其执法行为必须严格以法律为准绳，不能超越于法律之上，否则，会损坏其执法公信力。王某事件并不符合诽谤罪的两个构成要件，地方公安机关随意执法已经涉嫌滥用职权。

---

① 来源：大河网http://www.dahe.cn/xwzx/sz/t20090418_1532167.htm. 2009年4月18日。

延伸阅读

行政自由裁量权与公民权利之间的冲突和平衡

行政自由裁量权是指在缺乏具体的法律规定时，行政主体依据法律、法规赋予的职责权限，基于法律、法规及行政的目的和精神，针对具体的行政法律关系，根据当时的判断，自由选择而作出的最为公正而合理的行政决定的权力。但是，行政自由裁量权必须以合理性和合法性为基础，它是在法律法规的一定范围内的自由裁量，而不是完全没有边际的裁量。

行政自由裁量权侵犯公民合法权利表现形式有如下几种：

（1）行政主体滥用职权。这是不恰当运用行政自由裁量权的典型表现，其导致的法律后果是作出的具体行政行为在法律上无效。滥用职权是一种目的违法，其主要表现为行政执行人员假公济私、公报私仇、以权谋私，以实现种种不廉洁的动机。

（2）行政处罚显失公正。凡法律、法规规定了法律责任的，其立法的一条重要原则便是合理和公正的原则。但这种合理和公正是通过法律形式固定下来的，即注入了国家意志的、成为法定的合理和公正。如果行政处罚显失公正，就是违背了国家意志，即不符合立法本意，这实质上是滥用行政自由裁量权的又一表现形式。

（3）不履行或者迟延法定职责。由于有不少法律、法规规定了行政机关履行法定职责的期限，因而何时履行法定职责，行政机关可以自由裁量。行政管理的一个重要原则就是效率原则，如果违反这一原则，或者由于某种不廉洁动机，而拖延履行法定职责，也是不正确地行使行政自由裁量权。①

相关链接

广州荣膺第二届“中国法治政府奖”提名奖

第二届“中国法治政府奖”今天在北京举行颁奖典礼。农业部的农

① 杨宁：《行政自由裁量权与公民权利之间的冲突和平衡》，《大众科学》，2008年第9期。

业综合执法改革等13个项目，获得第二届“中国法治政府奖”；广州规范重大决策程序等11个项目获得提名奖。在今天的评选现场，28位来自全国人大常委会法工委、全国政协、最高人民法院、最高人民检察院、国务院法制办、中国法学会、北京大学、清华大学、中国人民大学、中国社会科学院、中国政法大学等单位的著名专家和学者组成评审专家委员会，对入围的24个项目进行现场投票。

广州规范重大决策程序项目简介。近年来，广东省广州市通过人大地方性法规、政府规章、规范性文件等不同层次的制度体系建设，建立了程序完备、内容翔实、运作有效的完整的重大行政决策程序制度。这些制度规范了重大行政决策五方面主要内容：一是明确了重大行政决策的范围。二是明确了重大行政决策合法性审查制度。三是完善了重大行政决策的公众参与。特别是创新性地规定现职公务员不得被选为听证代表。四是建立了政府重大行政决策后评估制度。五是将重大行政决策程序纳入政府工作规则。[①]

链接点评

2009年4月21日，广州市政府通过的《广州市规范行政执法自由裁量权规定》，是我国第一部全面规范行政执法自由裁量权的政府规章。它明确了行政执法主体应当以规范性文件的形式，对行政执法自由裁量权的行使条件等予以合理的细化。其自我约束对于公民权利的保障和尊重方面所具有的深远社会意义，正如获奖颁奖辞所言：“完善重大决策制度，是法治政府建设中的一项枢纽性工程，其善能生百利，而其恶能生百弊。广州市政府秉持其一如既往敢为人先的创造精神，在难点上立题，在关节上突破。在其体系初成、硕果初结之际，值得我们寄予更多期待。”

（本章作者：于静，广州市社会科学院政治法律研究所）

① 来源：《法制日报》，2012年12月24日。

第三章　自由权利依法定

《中华人民共和国宪法》规定，中华人民共和国公民有言论、出版、集会、结社、游行、示威的自由；又规定公民的宗教信仰自由、人身自由、人格尊严、住宅不受侵犯，这是国家以根本大法的权威对公民的自由权利所作出的保障。同时，正如孟德斯鸠说过的“真正的自由只能是法律下的自由”，自由权利并不是没有边界的，公民在享受自由的同时，必须牢记“依法”是边界，不得损害国家、集体、社会、他人的合法权益。

（一）人身自由不受侵犯

第三十七条　中华人民共和国公民的人身自由不受侵犯。

任何公民，非经人民检察院批准或者决定或者人民法院决定，并由公安机关执行，不受逮捕。

禁止非法拘禁和以其他方法非法剥夺或者限制公民的人身自由，禁止非法搜查公民的身体。

第三十九条　中华人民共和国公民的住宅不受侵犯。禁止非法搜查或者非法侵入公民的住宅。

第四十条　中华人民共和国公民的通信自由和通信秘密受法律的保护。

——《中华人民共和国宪法》

公民的人身自由，又称身体自由，是宪法赋予公民的一项基本权利。狭义的人身自由仅指公民的身体自由不受侵犯，即公民享有不受非法限制、监禁、逮捕或羁押的权利。广义的人身自由还包括与人身紧密联系的人格尊严和公民住宅不受侵犯，以及公民的通信自由和通信秘密受法律保护等。

名词点击

非法拘禁

非法拘禁，是指以拘押、禁闭或者其他强制方法，非法剥夺他人人身自由的行为。

非法搜查

依照《中华人民共和国刑事诉讼法》（以下简称《刑事诉讼法》）的有关规定，搜查只能由公安机关、监察机关和国家安全机关的工作人员依法进行。《中华人民共和国刑法》第二百四十五条规定，非法搜查是指非法对他人的身体或者住宅进行搜查的行为。非法搜查，一是指没有搜查权的一般公民和国家机关、企事业单位、人民团体等对他人身体、住宅进行搜查；二是有搜查权的司法人员，例如检察人员、公安人员等，违反法律规定滥用搜查权，擅自对他人的身体或者住宅进行搜查的行为。

刑事拘留

刑事拘留是指公安机关、人民检察院对直接受理的案件，在侦查过程中，遇到法定的紧急情况时，对于现行犯或者重大嫌疑分子所采取的临时剥夺其人身自由的强制方法。

案例传真A

要账岂能非法拘禁

2006年8月3日8时许，因债务纠纷，被告人张某在路上拦住刘某所驾驶的轿车，并用胶带纸将刘某的嘴封住，将其双手绑住后放置于轿车后座，后将轿车开至山东省夏津县一民房内，以限制刘某人身自由的方式要求刘某偿还债务。张某从刘某的银行卡上取走人民币57100元之后，将刘某放回。

上述事实，被告人张某在开庭审理时供认不讳。[①]

案例评析

我国《宪法》第三十七条明确规定："禁止非法拘禁和以其他方法非法剥夺或者限制公民的人身自由。"本案中，张某对刘某实施非法拘禁，以限制刘某人身自由的方式要求刘某偿还债务，严重侵犯了刘某的人身自由，必须承担刑事责任。

延伸阅读

非法讨债法不容

现实中因为讨债而实施非法拘禁的事例屡见不鲜，许多人往往因为法制观念淡薄而实施此行为，认为欠债还钱天经地义，用什么手段都是可以的，特别是高利贷等非法债务的放债人多采取极端手段逼债。但是，公民的人身自由权利受宪法和法律的保护，不容侵犯。

即便是高利贷等非法债务，"绑人索债"也同样构成非法拘禁罪。

法律链接

（一）《中华人民共和国刑法》

第二百三十八条　非法拘禁他人或者以其他方法非法剥夺他人人身自由的，处三年以下有期徒刑、拘役、管制或者剥夺政治权利。具有殴打、侮辱情节的，从重处罚。

犯前款罪，致人重伤的，处三年以上十年以下有期徒刑；致人死亡的，处十年以上有期徒刑。使用暴力致人伤残、死亡的，依照本法第二百三十四条、第二百三十二条的规定定罪处罚。

为索取债务非法扣押、拘禁他人的，依照前两款的规定处罚。

国家机关工作人员利用职权犯前三款罪的，依照前三款的规定从重处罚。

---

① 来源：《张某非法拘禁案》，中顾法律网，2011 年 11 月 23 日。

（二）《最高人民法院关于对为索取法律不予保护的债务非法拘禁他人行为如何定罪问题的解释》

行为人为索取高利贷、赌债等法律不予保护的债务，非法扣押、拘禁他人的，依照刑法第二百三十八条的规定定罪处罚。

案例传真B

超市岂能搜查消费者？

云南省工商局公布的“云南省维护消费者合法权益十大典型案例”中，有一案例为：2007年3月，陆良县消委会接到消费者陈某投诉，称其在县城某超市购物后出门时，超市的两名保安和一名工作人员怀疑其偷了一包牙签，将其强行拉入治安室，并掀开衣服检查。在证实身上确实没有超市的物品后，才让她离开。消委会人员经实地了解情况并观看监控录像后，认为陈某所述情况基本属实。消委会调解后该超市进行了书面道歉并赔偿消费者精神损失费1000元。[①]

① 来源：《云南一超市非法搜顾客身道歉又赔偿》，新华网，2008年3月16日。

案例评析

根据《宪法》第三十七条的规定，本案中的某超市不是合法的搜查主体，没有对消费者进行搜查的权力，该超市以怀疑消费者盗窃其商品为由，强行将消费者陈某拉入治安室并进行搜身，严重地侵犯了陈某的人身自由、人身权利。

延伸阅读A

公民如何应对非法搜查？

公民要判断搜查的合法性，就要了解我国《刑事诉讼法》对搜查的规定。《中华人民共和国刑事诉讼法》第一百零九条至一百一十三条对搜查的法律文书、目的和范围等作了明确规定。搜查必须符合下列规定，违反其中之一的，即属非法搜查。

1. 必须出示搜查证或者在遇有紧急情况时出示拘留证或逮捕证。这是搜查时必须具备的法律凭据。搜查证应当写明被搜查人的姓名、性别、职业、住址、搜查的处所、搜查的目的、搜查的机关、执行人员姓名及搜查日期。

2. 搜查行为主体必须是具有侦查权的人民检察院或者公安机关、国家安全机关，其他任何单位和个人都无权进行搜查。未纳入公安序列的保卫处（科），不具有刑事侦查权的主体资格，没有搜查权。

3. 搜查必须在搜查证规定的范围内进行，不能在超越搜查证列明的范围进行搜查。搜查的范围一般是：犯罪嫌疑人的人身、物品和住处，犯罪嫌疑人可能藏身或者隐匿犯罪证据的地方等。

4. 搜查时应当有被搜查人或者其家属在场，同时还要有邻居或者其他见证人在场。

5. 搜查妇女的身体时，应由女性工作人员进行，见证人也必须是女的，其他无关人员不得在场。

6. 搜查时扣押的物品，必须开具注明名称、数量、特征、规格的扣押清单。扣押了与本案无关的物品，应当及时退回。

延伸阅读B

对于已发生的非法搜查，如何处置？

如果在没有法律依据的情况下对他人的人身和住宅进行搜查，严重侵犯了他人人身自由权利和居住安全，触犯了《刑法》第二百四十五条，可能构成非法搜查罪。行为人属于国家工作人员的，被害人可以向检察机关控告，检察机关应当以非法搜查罪立案侦查。行为人不是国家工作人员的，被害人可以向公安机关报案，由公安机关以非法搜查罪立案侦查。①

案例传真C

居民信件岂能如此截留

石某和路某，原系某物业公司的电梯女工，已近退休之年的她们，因收入较低，竟动起了大楼居民信件和其他印刷品邮件的歪脑筋。2009年3月至9月期间，两人利用平日分发所在楼宇居民信件等的工作便利，将邮递员交付她们分发装箱的大量居民信件和其他印刷品邮件私自截留、隐匿于其工作间，并出卖给废品回收站，后被久久收不到邮件的大楼居民报警。石某、路某两人在被民警传唤后，主动坦白交待了犯罪事实。法院对这一案件作出判决，以侵犯通信自由罪分别判处石某、路某拘役3个月，违法所得予以追缴并没收。②

案例评析

我国《宪法》第四十条规定："中华人民共和国公民的通信自由和通信秘密受法律的保护。除因国家安全或者追查刑事犯罪的需要，由公安机关或者检察机关依照法律规定的程序对通信进行检查外，任何组织或者个人不得以任何理由侵犯公民的通信自由和通信秘密。"

---

① 来源：《公民如何应对非法搜查》，法律咨询网，2010年7月20日。

② 来源：《通信自由和通信秘密权》，载《台州日报》，2010年3月18日。

通信自由和通信秘密权是指公民享有通信包括信件、电报、电话在内的自由和秘密不受侵犯的权利，法律保护公民的通信自由，对公民的信件扣押、隐匿或者毁弃、开拆、偷阅或者窃听，都是侵犯公民通信权、隐私权的行为。本案中，石某和路某将该交给他人的信件随意扣押隐藏起来并出卖，就是一种严重侵犯公民通信权利的行为。①

案例传真D

班主任无权拆看学生信件

某市初三年级学生高某，平时学习不认真，与社会上的一些不明来历的人来往。某日，该生班主任李老师，在学校收发室发现一封高某的信件，认为情况可疑，为了解高某同社会人员的来往情况，转变其品行，李老师将信拿回办公室，私自拆看。从信中得知高某的一个朋友约他在第二天晚上10时，在电影院会面，并见信中有“按原计划行动，切记”等字样，更怀疑高某有不法行为，于是向学校报告。为获得家长配合，班主任又将信的内容告诉了其家长。对此，高某与班主任发生了争执。班主任振振有词地说：“我这是对你负责，是对你的关心和爱护。”高某对此事极为不满，认为班主任违法。

那么，在本案中，班主任的行为是不是违法行为，他应该负什么责任？②

案例评析

在本案中，班主任李某的行为是违法行为。我国《宪法》规定：“任何组织或者个人不得以任何理由侵犯公民的通信自由和通信秘密。”未成年人的通信自由和通信秘密与成年人一样受法律保护，只是由于未成年人生理和心理的发展不成熟，他们缺乏预见自己行为后果的能力。无行为能力的未成年人的信件，应由其父母或其监护人代为开拆，其他

① 来源：《通信自由和通信秘密权》，载《台州日报》，2010年3月18日。

② 来源：《教师私自拆看学生信件案》，《教育》，2009年第34期。

组织和个人均无这种权利。学校与未成年人之间只是部分委托代理监护的关系，学校主要承担教育和管理责任，无权开拆未成年学生的信件，班主任李某擅自拆看学生信件，侵犯了学生高某的通信自由和通信秘密权利，是违法行为。

相关链接

2010年9月正式施行的《重庆市未成年人保护条例》第三十九条规定："任何组织和个人不得违背法律规定，开拆或者查看未成年人的信件、日记、电子邮件、网上聊天记录、手机短信等个人信息，不得披露未成年人的个人隐私。"重庆市人大内司委副主任委员江材讯表示，条例虽未对父母拆阅子女信件等作出明确处罚规定，但隐私权是每个公民都享有的基本权利。"从小尊重未成年人的隐私权，有利于孩子身心健康的成长。"①

法律链接

《中华人民共和国未成年人保护法》

第三十九条　任何组织或者个人不得披露未成年人的个人隐私。

对未成年人的信件、日记、电子邮件，任何组织或者个人不得隐匿、毁弃；除因追查犯罪的需要，由公安机关或者人民检察院依法进行检查，或者对无行为能力的未成年人的信件、日记、电子邮件由其父母或者其他监护人代为开拆、查阅外，任何组织或者个人不得开拆、查阅。

案例传真E

警察也不能随意搜查公民住宅

无业人员曹某为获取"线费"，给公安机关的协勤张某打电话称，在某市某住宅楼内有卖淫嫖娼活动。张某告知民警王某等人后，由王某与几名同事（其中只有一人身穿警服）来到曹某举报的地点，没有敲开门。

① 来源：《〈重庆市未成年人保护条例〉今发布　规范家长社会责任义务》，华龙网，2010年8月27日。

在无任何违法事实证据，未办理任何法律手续的情况下，王某等人先后爬梯子通过窗户进入受害人常某家中，打开屋门，进行搜查，在整个搜查过程中均未出示搜查证。在未查到室内有卖淫嫖娼人员后离去，受害人常某因受惊吓而患急性应激性障碍。①

案例评析

我国《宪法》第三十九条规定："中华人民共和国公民的住宅不受侵犯。"依据《刑事诉讼法》和《中华人民共和国治安管理处罚法》（以下简称《治安管理处罚法》）的规定，公安机关在搜查或检查公民住宅时必须做到：要有法律的明确授权，并遵循法定条件和法定程序。同时，公安机关工作人员进入公民住宅搜查或检查必须亮明身份并出示搜查证。在本案中，公安人员仅凭"线人"的举报，就主观臆断常某家中有人正在进行违法活动而进行的检查严重违反检查的法定程序，严重侵害了常某的住宅权。

延伸阅读

公民住宅权

居住安全与人身安全息息相关，是公民正常生活的基本保证，住宅权被大多数国家的宪法确定为公民的一项基本权利。《世界人权宣言》、《公民权利和政治权利国际盟约》以及《经济、社会和文化权利国际公约》等对住宅权的保障都作出了相关规定，我国作为这些公约的缔约国也采取了积极措施保障公民这一权利。

对于公民住宅权，除了宪法予以明确的保障规定之外，相关部门法亦有充分细化的规定予以保障。例如，我国《刑法》设立了非法搜查罪，"非法搜查他人身体、住宅……的，处三年以下有期徒刑或者拘役"；《刑事诉讼法》则专门规定了刑事侦查过程中实施"搜查"的有权主体、对象和程序等内容。在行政执法过程中，《治安管理处罚法》也明确要求公安机关在检查公民住宅时，必须持有县级以上人民政府公安机关开

① 来源：《民警非法入室"抓嫖"案一审宣判》，人民网。

具的检查证。

案例传真F

老年人再婚自由权受法律保护

老张今年已是78岁高龄，妻子和儿子先后去世，只剩下孙子一个亲人，孙子又不能常在身边照顾，老人觉得十分孤单，想要再找个老伴儿相互照顾，可孙子却觉得爷爷再婚使自己有失脸面，而且看到一些再婚老人的财产纠纷问题屡见报端，双方子女通常会因为财产分割闹得鸡犬不宁，因此坚决不同意爷爷再婚并加以阻拦。为达到阻止老人再婚的目的，孙子偷偷拿走了老人的户口簿和房产证。老人准备与相识半年的徐大妈登记结婚，却怎么也找不到自己的户口簿，还发现房产证也不见了。老人猜到是被孙子拿走了，多次向孙子讨还，但都遭到了拒绝，无奈之下只能向法院起诉，要求孙子归还户口簿和房产证。[①]

案例评析

我国《宪法》第四十九条明确规定："禁止破坏婚姻自由。"《民法通则》、《中华人民共和国婚姻法》（以下简称《婚姻法》）也都规定任何人不得干涉老人的再婚自由权。本案中，孙子干涉老人再婚的行为侵犯了老人婚姻自由的权利，而其取走老人户口簿和房产证的行为同时也违反了《物权法》等法律的相关规定，侵害了老人的合法权利。

延伸阅读

保障老年人的婚姻自由权

结婚自由权包括再婚自由。老年人再婚自由更要得到保障，因为老年人更需要精神上的安慰，纵然有子女的尊敬、体贴，但老伴之间的特殊感情是子女们的感情所无法替代的。但目前我国老年人再婚仍然存在

① 吴楠：《老年人再婚热点案例及法律问题释疑》，《水科之声》，2012年第3期。

着子女干涉等种种障碍。对此，我国宪法、《婚姻法》都明确规定了子女应当尊重父母的婚姻权利，不得干涉父母再婚以及婚后的生活，以此来保障老年人的婚姻自主权。①

案例传真G

2010年5月初以来，网上连续出现《揭黑：中国国企第一贪——用89万侵吞6亿国有资产》等文章，文中所涉及的凯恩集团以商业信誉被损害为由强烈要求遂昌县公安局立案侦查。遂昌县公安局于2010年5月20日立案侦查。遂昌县公安局在调查中又发现，《经济观察报》记者仇子明在有关媒体连续发表《凯恩股份“偷天换日”谜团》等4篇文章。根据仇子明公开发表的文章内容，遂昌县公安局认定仇子明涉嫌损害商业信誉罪，并于2010年7月23日以“涉嫌损害商业信誉罪”对仇子明作出刑事拘留的决定，并直接发出了全国通缉令。此事引起舆论哗然。浙江省、丽水市公安机关高度重视，在浙江省公安厅的指导下，丽水市公安局组织有关专家，连夜对该案的有关证据和办案程序进行调查核实后认定：遂昌县公安局目前对仇子明因“涉嫌损害商业信誉罪”采取刑事拘留的决定不符合法定条件，责令遂昌县公安局立即撤销对仇子明的刑事拘留决定，并向其本人赔礼道歉。7月29日上午，遂昌县公安局撤销了对仇子明的刑事拘留决定。同一天，因在网上转发仇子明相关报道而被刑事拘留的浙江网民翁安余获得取保候审。

案例评析

刑事拘留是一种暂时剥夺公民人身自由的强制措施，对公民进行刑事拘留必须在确有必要时才能采用，还必须严格按照法定的程序进行。仇子明发表文章报道上市公司凯恩公司关联交易内幕，是新闻媒体经过调查后才发表的，而绝非杜撰、无中生有，这是一种舆论监督。仇子明的行为并不构成“损害商业信誉罪”，不得据此处以刑事拘留。如果凯恩公司认为其报道失实，可以向公安机关报案或到人民法院提起诉讼。但

① 来源：《析老年人的婚姻自主权》，找法网，2011年6月4日。

是，被追究者应该是经济观察报报社，而不是仇子明个人。另外，遂昌县公安机关在对仇子明实施刑事拘留时，违反了法定程序，侵犯了公民的合法权益。

（二）人格尊严不容侵犯

第三十三条　国家尊重和保障人权。

第三十八条　中华人民共和国公民的人格尊严不受侵犯。禁止用任何方法对公民进行侮辱、诽谤和诬告陷害。

——《中华人民共和国宪法》

公民的人格尊严是人权的重要内容，是指公民独立的人格和尊严不容侵犯的权利。人格权的具体形式包括：名誉权、肖像权、姓名权、名称权、隐私权、信用权、人身自由权，等等。

案例传真A

班主任岂能如此对待“早恋”少女？

16岁的少女王某终于向学校讨回了自己的尊严。北京市首例女中学生状告班主任和学校侵犯名誉权案于2001年9月尘埃落定：北京市朝阳区人民法院作出一审判决，判定被告向王某作口头赔礼道歉并给予一定的精神抚慰金。2000年暑假，邱女士发现女儿近来电话频繁，还有个男孩常在她家楼下徘徊，便向班主任苏某反映。苏某发现王某和班里一个男生关系比较密切后，便在课堂上、教研室里多次翻看其书包、日记以及王某给其他同学的信件，还下令不许同学和她说话。性格活泼的王某顿时成了“孤家寡人”，同学们远离她，不敢和她说话。王某在日记里写下：“苏老师经常侮辱我，逼我转学。我一想起这些就害怕，夜里常做噩梦……”由于无法承受完全被孤立的痛苦，王某于2000年6月4日离家出走。4天后，当邱女士接到女儿的电话，在南京找到她时，王某哭着请求妈妈搬出北京。2000年8月1日，王某将班主任和学校告上了法庭，诉讼的请求很简单，只要求老师的一声道歉。①

案例评析

我国《宪法》明确规定："中华人民共和国公民的人格尊严不受侵犯。禁止用任何方法对公民进行侮辱、诽谤和诬告陷害。"班主任苏某在对王某进行教育管理时，采取翻看其书包、日记，下令不许同学和她说话孤立她等歧视性的、侮辱性的行为，侵害了她的隐私权，侵犯了她的人格尊严，为此法院判王某赔礼道歉并给予一定的精神抚慰金。

案例传真B

患者隐私部位不能当作教学"标本"

9月15日，22岁未婚先孕的阿静在男友陪同下来到新疆石河子医科大学第一附属医院做人工流产，在妇产科医生孙某的安排下，阿静按要求做好准备，躺在检查床上等待检查。这时，医生叫进20多名身穿白大褂的男女围在床前，阿静非常紧张，要求医生让他们出去。医生说，没关系，他们都是实习生。医生让阿静躺好，一边触摸阿静的身体，一边向实习生介绍身体私处各部位的名称、症状等，检查讲解过程约五六分钟之久，令阿静羞愧难当，无地自容。事后阿静向新疆石河子市人民法院提起诉讼，状告新疆石河子医科大学第一附属医院及当事医生侵犯其隐私权，要求给予精神损害赔偿。此案在全国医学界和法学界引起了争议。②

案例评析

这起全国首例因患者被医院当作教学对象，而起诉医院要求给予精神损害赔偿的案例，受到社会的广泛关注。院方认为，作为教学和实习

---

① 来源：《女学生状告班主任侵权案胜诉》，载《北京晨报》，2001年12月28日。

② 来源：《患者在医院有多少隐私权?》，载《法制日报》，2000年10月26日。

医院，这种做法很正常，谈不上侵犯隐私权，不然，怎样完成培养医学院学生的任务？按照惯例，一般都不会提前给患者打招呼，如征求患者意见，患者肯定不同意。再说几十年来各医院都是这么做的，也没有法规和文件规定不能这样做。但是，医院的做法严重侵害了患者的人格尊严和隐私权。公民的身体，特别是人体的特殊部位完全属于个人隐私，有权利不让他人观看、探究、拍摄等。医生如果是在患者同意的前提下检查患者身体，原则上不构成侵犯隐私权，因为患者自愿去医院看病，对接受相应的检查，甚至由多名医生组成的专家会诊是有心理认知的，而且是同意的。而此案事先未经患者同意，同时也超出了必要检查范围——接诊医生向20多名实习生，展示患者的隐私部位并进行讲解，严重侵犯了患者的隐私权，应予赔偿。

案例传真C

客户信息岂能买卖

2011年8月5日，北京市第二中级人民法院对刘某等23人非法倒卖公民信息案进行了一审宣判。法院以非法获取公民个人信息罪、非法提供公民个人信息罪及出售公民个人信息罪，分别判处刘某等人有期徒刑二年六个月至六个月且适用缓刑不等，7名涉案电信“内鬼”中最高被判刑二年二个月，3人适用缓刑。

经法院审理查明，2009年3月至12月案发期间，被告人谢某、黄某等7人作为电信单位工作人员，或者经电信单位授权直接从事电信相关业务的人员，利用电信单位服务平台，违反国家规定，将本单位在履行职责或者提供服务过程中获得的公民个人信息，出售或者非法提供给被告人刘某、路某等人，严重侵害了公民的合法权益。①

① 来源：《北京最大倒卖公民信息案23名被告获刑》，中国新闻网，2011年8月5日。

案例评析

被告人黄某、谢某系电信单位工作人员，先后多次将本单位在提供服务过程中获得的机主信息私下出售，用这些公民的个人信息非法获利，构成出售公民个人信息罪。被告人刘某、路某等人以买卖等方法非法获取公民个人信息，构成非法获取公民个人信息罪。

延伸阅读

侵犯个人信息罪

《宪法》第三十三条规定："国家尊重和保障人权。"现实生活中与公民个人存在关联并能够识别特定个人的一切信息都属个人信息，包括个人的手机号码、银行卡、身份证号码、家庭住址、医药档案、职业情况，等等。全球已有50多个国家制定了个人信息法律保护体系。个人信息在本人自愿选择不公开的情况下，就属于个人秘密，而且作为人权基本内容，受我国宪法的保护，不容许非法获取及用于非法营利。2009年通过的《中华人民共和国刑法修正案（七）》，将侵犯个人信息严重的行为认定为犯罪行为。

案例传真D

岂能借举报之名侵犯他人名誉权

原告张某系某派出所的民警，在查处犯罪案件中，发现被告廖某之弟涉案并将其抓获，被告廖某冲到该所领导办公室说原告敲诈、受贿5000元并嫖娼，还当着所领导及众多民警和联防队员的面再次对原告张某进行辱骂，并当场拨打"110"报警，诬告原告嫖娼。后经市公安局警务督察队调查，被告承认是因亲属被处理而诬告原告，被告因此受到治安拘留十五天的处罚。原告认为，被告捏造事实诬告原告，其主观侵害故意明显，手段恶劣，情节严重，给原告的名誉造成极坏的影响，尤其是原告身为警察，为此所遭受的名誉损失和精神压力比一般人更甚，遂诉至法院。法院判决被告在当地晚报登报公开向原告赔礼道歉、恢复名誉、消除影响，赔偿原告精神损害抚慰金5000元。[1]

案例评析

我国宪法明确规定，公民的人格尊严不受侵犯，禁止用任何方法对公民进行侮辱、诽谤和诬告陷害。本案被告因对原告执行公务不满，而在原告的办公场所当众辱骂、诬告原告嫖娼、受贿，并当众拨打“110”举报，主观恶意明显，且后果严重：造成原告作为一名民警的社会评价及职业信任度降低，影响了原告正常的生活、工作的同时，也给原告带来较大的精神压力，侵犯了原告的人格尊严。

延伸阅读

检举违法违纪与侵犯他人名誉权的界限

两者的区别是行为人是否有主观恶意，并造成了他人的名誉权损害：公民检举、控告他人违法、违纪，即使反映的情况不完全属实，只要没有主观恶意，就不属侵权行为。但是，根据最高人民法院《关于审理名誉权案件若干问题的解释》的规定，如果行为人借检举、控告之名故意侮辱、诽谤他人，而且造成了他人名誉权损害的，就属于侵犯他人名誉权。

案例传真E

擅用他人姓名和肖像构成侵权

专家杨某应被告邀请参加××美容疗法专家研讨会，与会者中还有上海各大医院的皮肤、美容专科的专家等九人。会上，被告某美容院向与会专家等介绍了××美容疗法，并进行了座谈。杨某为被告作了“继承发扬祖国医学宝库，为发展我国医学美容事业不懈努力”的题词，并与该美容院创始人吴某及其他与会者共同摄影留念。后被告多次在沪、

① 来源：《借举报之名行诬告之实构成侵犯名誉权》，法律教育网，2004年5月18日。

杭的四份报纸上发表了题为《吴东英奇迹》《走进美容，东英向你招手》等文章，分别刊登了杨某等与会专家和该美容院院长吴某的合影，照片下均注明“吴某与专家合影”字样。有的文章中标明了专家姓名，并称与会专家对源于祖国医学的“东英疗法”予以首肯。为此，杨某曾要求被告赔礼道歉、消除影响，遭到拒绝后，杨某遂诉至法院，一审法院判决被告在发文的四份报纸上刊登声明公开赔礼道歉，并赔偿原告精神损失费 8000 元。后被告某美容院不服提起上诉，二审法院判决驳回上诉，维持原判。①

案例评析

姓名权和肖像权都是宪法上人格尊严的法律表现形式，都不受侵犯。被告某美容院未经原告杨某本人的同意，以营利为目的，擅自并弄虚作假地在四家报纸上发表配有原告照片、署名及表明“首肯”某美容品牌态度的文章，借此扩大某美容品牌的社会影响力，为自己做广告宣传，侵害了杨某的姓名权和肖像权并对杨某的声誉产生了不良的影响，应承担法律责任。

延伸阅读

不得侵犯他人的姓名权、肖像权

在权利的意义上，人格尊严首先表现为一种人格权，而姓名权是一种具体形态的人格权。姓名权是自然人依法享有的决定、使用、变更自己的姓名并要求他人尊重自己姓名的一种人格权利，包括自我命名权、姓名使用权、改名权。而在上述案例中，被告未经原告本人同意或者授权，擅自以原告的名义公开发表了广告性质的新闻，被告这种盗用他人姓名的行为，侵犯了原告的姓名使用权。

肖像权是自然人所享有的，以自己肖像上所体现的人格利益为内容的一种人格权。自然人对自己的肖像拥有专有的自由处分权，以及禁止

① 来源：《民事判决书》，法律界，2009 年 10 月 28 日。

他人在未经其同意的情况下，擅自使用的权利。在上述案例中尽管是合影，但是原告仍然享有该合影中所反映出自己形象的肖像的专有权，被告在未经原告同意的情况下，以宣传的手段公开发表使用，侵犯了原告的肖像权。①

（三）自由权利以法为界

第三十五条　中华人民共和国公民有言论、出版、集会、结社、游行、示威的自由。

第三十六条　中华人民共和国公民有宗教信仰自由。

第五十一条　中华人民共和国公民在行使自由和权利的时候，不得损害国家的、社会的、集体的利益和其他公民的合法的自由和权利。

——《中华人民共和国宪法》

名词点击

集会、结社、游行、示威

公民的集会、结社、游行、示威属于宪法赋予公民自由表达思想、情绪的政治权利。集会是指聚集于公共场所，发表意见、表达意愿的活动；游行是指在公共道路、露天公共场所列队行进，表达共同意愿的活动；示威是指在露天公共场所或者公共道路上以集会、游行、静坐等方式，表达要求、抗议或者支持、声援等共同意愿的活动。但这些都必须在宪法和法律允许的范围内进行，不得反对宪法所确定的基本原则，不得损害国家的、社会的、集体的利益和其他公民的合法权益。

① 来源：《擅自使用他人姓名和肖像构成侵权》，法律界，2009年11月5日。

案例传真A

宗教信仰不能强迫

汉族青年谢某与一回族女青年马某（信奉伊斯兰教）相恋，并到婚姻登记机关领取了结婚证。正当他们准备举行婚礼的时候，马某家要求谢某必须信仰伊斯兰教，谢某不答应，马某的弟弟就纠集一些族内的人“好好教育”了一下谢某。①

案例评析

依照婚姻自由和宗教信仰自由的宪法原则，不同民族之间的通婚不受限制。但是，由于民族风俗习惯和宗教信仰的不同，双方应互相尊重对方的风俗习惯和宗教信仰，不能以结婚为条件强迫对方信仰某种宗教。谢某是否信仰伊斯兰教，完全取决于他个人的宗教自由；两人领取了结婚证就是合法夫妻，是否举行仪式不能影响其婚姻自由，谢某的这两种自由权均受法律的保护。

案例传真B

“高枫事件”——被侵犯的言论自由

高枫是北京的一位歌手。1996 年 5 月 10 日，他接到一个湖北某电台主持人打来的电话，随便交谈了一会儿。他完全不知道，这是一次广播直播节目的采访，他的谈话当场就在广播中播出了。高枫感觉受到了愚弄，向有关部门投诉。7 月，广播电影电视部发出通报，认定这个行为“侵害了采访对象的权益，同时也是对听众的极端不负责任”，对责任人作了行政处分。政府机关的文件首次使用了“侵害了采访对象的权益”一语，就是说，有关机关认为这种未经采访对象的许可就擅自发布他人言论的行为，是一种侵犯他人言论自由权的违法行为。②

① 来源：《侵犯公民宗教信仰的自由》，圣才学习网，2010 年 5 月 24 日。

② 来源：《从“高枫事件”说开去——关于言论出版自由》。

案例评析

自由，就是公民在法律规定的范围内按照自己的意愿自主行动，不受非法妨碍的权利，既包括作为的权利也包括不作为的权利。比如言论自由，就是在法律的范围内，权利人既有“说”（表达）的权利，又有“不说”（拒绝表达）的权利即沉默的权利；而且在“说”的时候，还有选择以何种方式，在何种范围内进行表达的权利，例如，是口头“说”还是书面“说”，是在私人范围内“说”，还是在一定的范围内“说”，又或是通过新闻媒介向社会“说”（公开表达）。权利人都可以依法按照自己的意愿行事，他人不得非法干涉。“高枫事件”中，高枫并没有通过广播直播来公开表达自己意见的意愿，而是在一种被欺瞒的状况下公开表达了自己并不愿意公开表达的意见，如果他得知自己是在接受直播采访即通过新闻媒介公开发表意见，他有权选择是“说”还是“不说”，以及“说”这些话或者“不说”那些话，但这种权利却被剥夺了。所以，他的言论自由权受到了非法侵害。

延伸阅读

出版自由是言论自由的延伸，是以通过媒体及出版物（包括电子出版物）来公开表达言论的自由。公民表达并传播自己对国家和社会公共事务的意见，是公民参加政治生活最普遍的方式之一。《出版管理条例》依照《宪法》第五十一条等条款的规定，对出版自由作出了如下进一步的具体阐述：“公民在行使出版自由的权利的时候，必须遵守宪法和法律，不得反对宪法确定的基本原则，不得损害国家的、社会的、集体的利益和其他公民的合法的自由和权利。”

他山之石

1787 年，刚刚摆脱英国殖民统治的北美各州代表在费城举行制宪会议，通过了宪法草案，确立了政府部门的权力分配以及联邦和州之间的关系。1789 年，第一届国会宣告宪法生效，同时追加了有关公民权利的 10 条修正案，又称《权利法案》（*Bill of Rights*），并于 1791 年生效。其中关于新闻言论自由的条款被列为第一修正案，它规定：国会不得制定法律限制公民的言论、出版及宗教自由，或者剥夺公民和平集会及请愿的权利。

案例传真C

游行示威要守法

2005年上半年，在北京、上海等地先后发生了部分群众和学生自发举行的涉日游行示威活动。对此，公安部新闻发言人提醒广大群众表达愿望须依法——游行示威要严格按照宪法和法律的规定先行申请，未经公安机关批准，通过互联网和手机短信发起组织游行示威的，是违法行为。希望广大群众和学生依法办事，不要参加未经批准的游行示威活动，也不要利用互联网和手机短信传播鼓动游行示威的信息。对于借机进行打砸等违法行为的，公安机关将坚决依法查处。①

案例评析

我国宪法规定公民有集会、游行、示威的自由，但也有遵法守法、维护法律的尊严和权威的义务。根据《中华人民共和国集会游行示威法》的规定，游行、集会均须事先依法向公安机关申请，在批准的时间、地点内进行，且不得有违法行为。未经公安机关批准或未按照公安机关许可的目的、方式、标语、口号、起止时间、地点、路线等进行的，或在进行中出现危害公共安全或严重破坏社会秩序情况的，均是违法行为。

法律链接

《中华人民共和国集会游行示威法》

第四条　公民在行使集会、游行、示威的权利的时候，必须遵守宪法和法律，不得反对宪法所确定的基本原则，不得损害国家的、社会的、集体的利益和其他公民的合法的自由和权利。

---

① 来源：《公安部就近期一些地方发生涉日游行示威发表谈话》，新华网，2005年4月21日。

第五条　集会、游行、示威应当和平地进行，不得携带武器、管制刀具和爆炸物，不得使用暴力或者煽动使用暴力。

第八条　举行集会、游行、示威，必须有负责人。

依照本法规定需要申请的集会、游行、示威，其负责人必须在举行日期的五日前向主管机关递交书面申请。申请书中应当载明集会、游行、示威的目的、方式、标语、口号、人数、车辆数、使用音响设备的种类与数量、起止时间、地点（包括集合地和解散地）、路线和负责人的姓名、职业、住址。

第九条　主管机关接到集会、游行、示威申请书后，应当在申请举行日期的二日前，将许可或者不许可的决定书面通知其负责人。

（本章作者：孙占卿、于静，广州市社会科学院政治法律研究所；彭颖，广州市社会科学院哲学文化研究所）

第四章　私有财产莫侵犯

18 世纪英国首相威廉·皮特曾说过一句名言："风能进，雨能进，国王不能进。"意思是老百姓自家的房子，如果没有主人的许可，就是国王也不能随意闯入。这里指的是西方人关于私有财产神圣不可侵犯的观念，我国《宪法》第十三条同样明确确认并保护公民合法的私有财产。

保护私有财产是经济与社会发展的需要，是社会主义法治建设的必然结果。作为中国公民，我们有必要了解什么是私有财产，国家如何保护私有财产，以及国家在什么情况下可以征收征用私有财产。

（一）合法财产受法保护

第十三条　公民的合法的私有财产不受侵犯。

——《中华人民共和国宪法》

国家依法保护公民合法的私有财产不受侵犯。在公民权利中，生命权、自由权和财产权一起被称为公民的三大权利。这三大权利是相互联系、密切相关的。公民的私有财产在公民权利的实现过程中发挥着十分重要的作用，公民权利的实现，需要有相应的物质基础作保障。所以说，财产权是实现生命权、自由权的物质基础。保护公民的私有财产，就是提供了人们实现自己合法权利的物质条件。

那么究竟什么是私有财产？私有财产与私有制是什么关系？私有财产在社会主义经济建设中占有什么样的地位？国家如何保护私有财产？公民个人行使私有财产权的时候要履行什么义务？

案例传真A

私有财产不可侵犯

主持人：梁教授，这次在修宪过程中，合法的私有财产不可侵犯，人们对此的关注度非常高。但是如果翻开我们1982年的《宪法》，当中其实也有，比如说对老百姓的房屋、储蓄等等，都保护。那跟现在的这种表示有什么区别吗？它有什么变化？

梁慧星教授：1982年的《宪法》注重的是生活资料，它没有说及生产资料。现在很多公民都有了生产资料，所以（这次修宪的表述，说明了）对私有经济的发展，是法律上承认了它的存在，并以平等的法律地位加以保护。所以现在的规定就是说公民合法的私有财产都受法律保护，这是一个基本原则，现在我们的《宪法》做这样的一个规定，实际上就是承认了这个现实。这反映了我们经济体制改革已经达到了这个水平，为经济体制改革进一步的发展提供了一个法制平台，一个法制基础。

主持人：那就是说跟1982年的《宪法》区别。1982年的《宪法》对于私有财产是列举式的，只列了一部分。现在由于有了这个原则性，只要是合法财产全都受保护。

梁慧星教授：你买了房屋，你买了汽车，你的电脑，各种生活用具；你的存款；你炒股票，那些证券；你如果是从事写作的，你的著作权；你是搞发明的，你发明创造的专利权，商品权；等等。包括一些有名的人，比如说像白岩松等同志，他们就是有名的人，他们的名字挣钱，这个名字权益也受保护。所以说凡是你的财产，作为你的财产，在法律上给予和公有财产同样的对待，同样的保护。①

案例评析

改革开放以来，随着经济发展和人民生活水平提高，公民拥有的私人财产的数量和种类普遍都有了不同程度的增加，特别是越来越多的公

① 来源：《梁慧星解读宪法修正案草案　私有财产不可侵犯》，人民网，2004年3月9日。

民有了私人的生产资料，群众对用法律保护自己的财产有了更加迫切的要求。

根据中共十六大关于“完善保护私人财产的法律制度”的精神，《宪法修正案草案》将《宪法》第十三条列举出的“国家保护公民的合法的收入、储蓄、房屋和其他合法财产的所有权”，“国家依照法律规定保护公民的私有财产的继承权”，修改为更为科学的概括性规定：“公民的合法的私有财产不受侵犯。”“国家依照法律规定保护公民的私有财产权和继承权。”

延伸阅读

私有财产就是私有制吗？

私有财产和私有制是两个完全不同的概念。

私有财产权，是指基于对私有财产的合法拥有所产生的私有财产权——私人所有的以财产利益为内容，直接体现财产利益的民事权利，包括物权、债权、继承权，以及知识产权中的财产权利。

私有制是所有制中的一种形式，它是区别于公有制而言的。私有制在经济上，表现为生产资料归个人、集团所有。我们国家目前实行以公有制为主体与非公有制经济并存的具有中国特色的市场经济制度。正如党的十八届三中全会强调的，我们要继续完善公有制为主体、多种所有制经济共同发展的基本经济制度。其中，私有财产是社会主义市场经济的组成部分，私有制经济在国家经济体系中占重要地位。包括私有制在内的多种所有制经济兴旺发展，成为公有制经济的有益补充，促成了计划经济向市场经济的转型，为我国经济注入了蓬勃的生机。

首先把私有财产同私有制区分开来的是马克思。他在《共产党宣言》里提出“消灭私有制”的同时，特别说明他所主张的，“并不是要废除一般的所有制，而是要废除资产阶级的所有制”，即“建立在一部分人对另一部分人的剥削上面”的所有制。他还说：“共产主义并不剥夺任何人占有社会产品的机会，它只剥夺利用这种占有去奴役他人劳动的机会。”

案例传真B

员工也能给老板发奖金

刘某认识了杭州中泰江韵乐器厂的丁老板并成为他厂里的员工。丁老板将自己的手艺毫无保留地教给了他，并提议他开个销售竹笛的网店。2011年，刘某开设了网店销售竹笛，店里的大部分产品都是丁老板提供的货源。

从7月正式开张到年底，刘某的网店生意越来越红火，半年多就赚了七八万元。这外快可是工资的好几倍啊！更令人吃惊的是，他还给丁老板包了个1万多元的大红包，说要给老板发笔奖金。

丁老板一直毫无保留地教导每一个到他工厂学手艺的年轻人。不仅如此，他还针对每名员工的性格为他们作未来发展规划，并且尽自己最大的努力为他们铺路。他不怕年轻人跟他抢生意，坚信鼓励员工自主创业是件双赢的事情。①

案例评析

丁老板的手艺，是属于具有财产价值的个人财富，本案中他还是提供货源的货主，他放弃了对这些财产权益及财产的私人占有而贡献出来，从微观角度来说，是以他认为的“双赢”的形式为企业留住了人才，促进了他自己的企业乃至行业的发展，是十分明智之举。另一方面从整个社会来看，只有企业、单位、个人的经济利益都得到满足，才能更好地促进私有制经济，乃至整个社会经济的欣欣向荣。

延伸阅读

私有制经济下如何克服经济危机？

从宏观角度看，只要私有制经济在国家经济体系中占重要地位，经济危机的魔影就必然徘徊不去，随时可能爆发。但是，没有必要因噎废

① 来源：《鼓励员工自主创业，收到员工发给的奖金》，余杭新闻网，2012年4月4日。

食，不必因为害怕经济危机，就排斥私有制经济。只要应对得当，经济危机的影响还是可控的，而且危机本身也并不是无解的。

只要经济的基本面是良性发展的，国家重视发展实体经济，在可以预料的未来，私有制经济在中国占有举足轻重的地位，经济危机无法从根本上避免。但国家应该未雨绸缪，在影响社会生产、生活的重要领域保持足够的影响力；建立完善的实体制造业经济体系和强势货币体系；同时在国际上保持相当的话语权。①

案例传真C

外来务工人员的血汗钱谁来守护？

2013年9月4日下午，20多名瑞昌籍外来工围堵在港口街镇某幼儿园门口，声称要讨回自己的血汗钱不肯离去。港口派出所民警得知情况后迅速赶往现场。据了解，这些外来工从年初起就在幼儿园施工工地务工，至5月份，该幼儿园建造工程结束。但大半年已经过去，包工头张某以项目部没有付工程款等各种理由拖延，拒不支付外来工工资。直至9月份，外来工多次向张某催要工钱未果，无奈之下，便于9月4日下午聚集围堵在幼儿园大门讨要工钱。

了解情况后，为了控制事态蔓延，民警耐心说服每一位外来工，及时联系上项目部领导和包工头张某，经过民警连续积极协调和沟通，最终双方达成协议。因资金周转确有困难，张某当晚先支付40余万元工钱逐一发放到外来工手里，并承诺年底前将剩余的工钱支付到位。

案例评析

工资是务工者劳动所得的合法财产。张某的拖欠行为属于对他人私有财产的侵占，是对他人私有财产权利的侵犯。我国宪法保护公民合法的私有财产，任何人不得以任何理由侵犯他人的合法财产。法律保护弱者，本案中警察帮助外来工讨薪，既是维护社会稳定，保障经济秩序的

① 来源：《大萧条的魔影》，载《环球财经》，2012年12月20日，有删节。

需要，也是保障人权，保护私有财产制的需要。

案例传真D

离婚了，婚前房屋怎么分？

肖某于2003年1月喜结良缘。早在2001年，肖某已买下上海市延长路上一套总价为58万元的房屋，凑了首付款34万元，并陆续还贷。直至两人结婚当月，这套房子的银行贷款尚欠19.9万余元，房屋产权仍登记在肖某名下，并由他来还贷。结婚一年半后，肖某将银行贷款全部还清。

2012年，妻子叶某起诉离婚，并要求分割房产。她认为房屋为肖某出资购买，同意归肖某所有。但房屋价格已跃至396万元，肖某应给付夫妻还贷期间房屋增值部分所对应的钱款。2013年5月，闸北区法院根据《婚姻法》司法解释（三）相关规定，一审判决房屋产权归肖某所有，肖某给付叶某房屋增值部分补偿款67万元。[①]

案例评析

此案中的房屋是肖某婚前的个人财产，婚前婚后房贷也都由他负责还清。然而，根据法律规定，婚后收入的财产都是夫妻双方共同财产。所以婚后虽然仍由肖某个人出面还贷，但还贷用的是夫妻共同财产。因此夫妻双方离婚时，共同财产中用于还贷使房屋增值的那部分，都应该分出一半归妻子所有，法院的判决体现了宪法保护（妻子的）私有财产的精神。

延伸阅读

个人收入包括哪些方面？

私有财产的表现形式之一是收入，包括：（1）工资。指定期支付给员工的劳动报酬，包括计时工资、计件工资、职务工资、级别工资、

① 来源：《离婚了，婚前房屋怎么分》，载《解放日报》，2013年5月10日。

基础工资、工龄工资、奖金、津贴和补贴、加班工资和特殊情况下支付的报酬等；（2）从事智力创造和提供劳务所取得的物质权利，如稿费、专利转让费、讲课费、咨询费、演出费等；（3）因拥有债权、股权而取得的利息、股息、红利所得；（4）出租房屋、土地使用权、机器设备、车船以及其他财产所得；（5）转让有价证券、股权、建筑物、土地使用权、机器设备、车船以及其他财产所得的租金；（6）得奖、中奖、中彩以及其他偶然所得；（7）从事个体经营的劳动收入、从事承包土地所获得的收益等。

案例传真E

党和国家领导人著作也被盗版

毫不意外地，在北京、上海一度卖断货的《朱镕基答记者问》很快被人发现出了“山寨版”。该书2009年9月2日上市，9月7日即在市场上出现了盗版。随后新闻出版总署、公安部等成立联合专案组，9月8日，就掌握了5个省、市、区的盗版情况，并于9月9日在全国范围内采取统一行动，“进行了严厉打击”。

盗版，被某些人视为一本出版物畅销与否的风向标。中国的党和国家领导人著作遭遇盗版，已不是第一次了。由于领导人亲撰的著作，尤其是回忆录等故事性较强的作品一向少有，因此每有新作问世，总会引发出版“山寨界”蠢蠢欲动。然而盗版领导人著作并借此获利，不仅侵犯了作者的著作权，还可能造成对党和国家利益的严重损害。例如在盗版的《邓小平文选》中就多次出现错漏，甚至还把“不要把马克思主义当教条”中的“不”漏掉了，政治影响极坏，损害了党和国家的利益，属于相关法律规定的“有其他特别严重情节”，涉案嫌疑人被判处有期徒刑7年，并处5000元罚金。①

① 来源：《严打盗版党和国家领导人著作行为》，载《南方周末》，2009年10月25日。

案例传真F

《书趣》遭遇盗版，老作家索赔10万

2005年7月，认为山东画报出版社和北京京版世纪图书有限公司侵犯了自己对《书趣》一书享有的著作权，老作家奚椿年将二被告诉至北京市朝阳区人民法院，要求二被告停止出版、销售该书，在报刊上刊登公开赔礼道歉声明，赔偿原告经济损失和精神损失费共计10万元。

原告奚椿年诉称，原告创作并享有著作权的《书趣》一书，于1987年由广西人民出版社首次在国内出版，1993年该书又经中国台湾大地出版社在中国台湾地区出版了繁体字版，后香港也出版了该书。但原告发现，市场上出现了山东画报出版社出版的《书趣》一书，并且封面上的署名除了原告奚椿年外，又增加了一人——图文编撰刘心明。原告查看此书时发现，此书不但增加了大量的插图，对原文进行了修改、删节，且错字多得惊人，句子读不通顺，甚至还有改错的地方。原告认为这是对读者极大的不负责任，也给原告的书造成了极坏的影响。

原告认为，被告山东画报出版社未经原告许可，出版《书趣》一书的行为，不仅侵犯了原告所享有的著作权中的署名权、保护作品完整权等权利，而且给原告的信誉、社会评价造成了负面的影响。故请求法院依法判令被告停止侵权、赔礼道歉，并赔偿损失。①

案例评析

以上两个案例中的被侵权人，一个是前国家领导人，一个是普通公民，但他们遭遇了同样的尴尬，就是自己的著作被盗版。著作权，以及由此带来的物质利益属于收入的一种，亦即私有财产的表现形式之一。我国相关法律规定，执法机构在处理这类问题的依据上是完全一样的，就是坚决禁止，严厉打击。宪法和法律从来不会因为某案涉及国家领导人就积极处理、严厉处罚，涉及普通公民就不闻不问听之任之。法律面

① 来源：《〈书趣〉遭遇盗版，老作家索赔10万》，中国法院网，2005年7月22日。

前人人平等，法律完全平等地保护所有人的合法私有财产。

那为什么表面上看对盗版国家领导人著作的行为惩罚更严厉，需要适用有期徒刑和罚款两种刑事处罚呢？这是因为这种盗版行为除了对被侵权人个人造成经济上的民事侵权以外，还造成了政治上的严重不良影响，损害了国家的利益，情节特别严重，构成了刑事犯罪的要件，须处以刑罚。而那起对普通公民的著作进行盗版的案例，只造成了被侵权人个人的财产损失，只构成民事侵权。盗版行为在上述两案中的具体情节不同、侵犯的客体不同、构成的法律责任不同，因而法律的处理方式和程度都不同。这与法律是否平等地保护身份不同的著作权人的合法权益完全无关，我国法律平等地保护所有人的私有财产。

案例传真G

坐火车可以携带管制刀具吗？

2006 年 8 月 10 日，在烟台火车站安检处，一位十七八岁的男青年在接受检查时，由于携带弹簧刀而被民警拦住。当公安人员告知弹簧刀属于管制刀具时，该青年竟神态自若地称那是“水果刀”。

火车站派出所的辛所长告诉记者，几年前，携带管制刀具的人群以中年人为主，如今携带管制刀具的多以 15~25 岁间的青少年为主，数量占 95%。很多青少年表示，自己携带匕首、管制刀具，一是为了好玩，二是为了防身。法律意识淡薄是造成他们携带非法物品的主要原因。[①]

案例评析

国家以宪法和法律的形式保护私有财产，但公民有义务将其用于合法的用途，并在使用时不得对公共秩序、他人的合法权益造成不利影响或形成某种威胁、侵害。个人的绝对自由必然意味着其他人的不自由，例如，个人如果可以随意地使用个人财产购买毒品、枪支、弹药、管制

① 来源：《乘车携带管制刀具的越来越多，火车站日缴刀具 7—10 把》，人民网，2006 年 8 月 11 日。

刀具等并携带进入公共场所、公共交通工具内，那么无论是对自己还是对他人的健康和人身安全都是严重的威胁，这是法律所禁止的。

对于私有财产，承认它属于公民个人所有，任何人不得侵犯、剥夺，但是所有人也负有合法、正当使用的义务，一旦它们被用于法律许可范围以外的其他用途，危害了公共安全、公共秩序，执法机构有权将它们没收，视情节轻重，还可能对所有者处以罚款、拘留等治安管理处罚，更为严重的还可能被处以刑罚。

相关链接

哪些刀具属于管制刀具？

一、凡符合下列标准之一的，可以认定为管制刀具：

1. 匕首：带有刀柄、刀格和血槽，刀尖角度小于60度的单刃、双刃或多刃尖刀。

2. 三棱刮刀：具有三个刀刃的机械加工用刀具。

3. 带自锁装置的弹簧刀（跳刀）：刀身展开或弹出后，可被刀柄内的弹簧或卡锁固定自锁的折叠刀具。

4. 其他相类似的单刃、双刃、三棱尖刀：刀尖角度小于60度，刀身长度超过150毫米的各类单刃、双刃和多刃刀具。

5. 其他刀尖角度大于60度，刀身长度超过220毫米的各类单刃、双刃和多刃刀具。

二、未开刀刃且刀尖倒角半径R大于2.5毫米的各类武术、工艺、礼品等刀具不属于管制刀具范畴。

三、少数民族使用的藏刀、腰刀、靴刀、马刀等刀具的管制范围认定标准，由少数民族自治区（自治州、自治县）人民政府公安机关参照本标准制定。①

（二）个人财产不得侵犯

第十三条　国家依照法律规定保护公民的私有财产权和继承权。

——《中华人民共和国宪法》

财产是指可以给人们的生活提供支撑的物质财富，任何个人的生存和发展都离不开对私有财产的获得、拥有和使用。完整公民权利的实现，需要有相应的物质基础作保障，财产权是实现生命权、自由权的物质基础。为此，我国制定了相关的民事、刑事法律，明确了对合法私有财产的保障、对侵犯公民私有财产的处罚。特别是2007年颁布的《物权法》，更加强调和细化了对公民私有财产的保护。

① 来源：《管制刀具认定标准（2007年）》，公安部网站，2010年4月2日。

名词点击

五保户

五保供养是指：在吃、穿、住、医、葬方面给予村民的生活照顾和物质帮助。

《农村五保供养工作条例》规定，老年、残疾或者未满十六周岁的村民，无劳动能力、无生活来源又无法定赡养、抚养、扶养义务人，或者其法定赡养、抚养、扶养义务人无赡养、抚养、扶养能力的，享受农村五保供养待遇。

法定继承人

法定继承人又称“无遗嘱继承人”。在被继承人没有对其遗产的处理立有遗嘱的情况下，依照法律规定的继承范围、继承顺序和遗产分配原则继承被继承人遗产的继承人。在继承开始后，并非所有的法定继承人都能同时参加遗产继承，而是分两个顺序。第一顺序：配偶、子女、父母。第二顺序：兄弟姐妹、祖父母、外祖父母。有第一顺序继承人继承的，第二顺序继承人不得继承。没有第一顺序继承人继承的，才由第二顺序继承人继承。另外，根据《中华人民共和国继承法》的规定：丧偶的儿媳对公婆和丧偶的女婿对岳父、岳母尽了主要赡养义务的，作为第一顺序继承人。

听证

听证，是指行政机关依《中华人民共和国行政处罚法》实施行政处罚过程中，在作出决定前，由非本案调查人员主持，听取调查人员提出当事人违法的事实、证据和行政处罚建议与法律依据，并听取当事人的陈述、举证、质证和申辩及意见的程序活动。应当听证而没有听证的行政处罚，是违法的，因而是无效的。

案例传真A

巨额嫁妆意味着什么?

自2012年11月以来，闽南地区至少有4起巨额嫁妆嫁女案例，可统计金额均超过1亿元人民币，多者达2.1亿元人民币，加上其他物资，嫁妆实际价值远不止此。2012年11月24日，福建晋江某集团执行董事、总裁吴先生嫁女，他送给女儿吴小姐的嫁妆中，包括现金1亿元人民币，价值1亿元人民币的公司股票，此外，还有一栋别墅、一辆劳斯莱斯和一辆奔驰等，现金加股票就达2亿元人民币，嫁妆总价值近3亿元人民币。

类似巨额嫁妆嫁女事件只出现在厦门、漳州、泉州等闽南地区，闽北、闽东地区很少。这跟当地的经济形态有关，厦漳泉民营企业比较多，本地人都比较有钱，嫁女儿都比排场。[①]

案例评析

按照闽南地区习俗，男性享有继承权，而女儿出嫁就是“泼出去的水”，在日后分家时不能再享有家族财富的继承权。民营企业家用巨额现金或家族企业股份作为嫁妆，实际上是以嫁妆的形式让女儿享有继承权的一种变通方式。巨额嫁妆的背后，是提前支付给女儿其应继承的份额，是家族财富在父母儿女之间的一种分家析产性质的传承。本案中的嫁妆就是这样一种省去纷繁复杂的法律手续、以民俗之名的传统方式进行的一种财富传承。

从法理上讲，所谓私有财产，就是属于公民个人的财产。如果个人亡故以后，财产必须充公、被没收，那么就无法体现私有财产的基本属性。承认私有财产，意味着必须承认财产所有者的继承人能够合法地继承这些财产。所以，宪法在保护公民的私有财产权的同时，特别提到保护私有财产的继承权。

① 来源：《福建晋江富豪2亿嫁妆嫁女：5亩仓库摆400桌酒宴》，载《21世纪经济报道》，2013年3月3日。

案例传真B

集体不可以处理个人财产

五保户张老太与村委会签订协议书，约定“张老太愿去敬老院生活。村委会向敬老院交纳费用，张老太的房产归村委会所有，村委会有权处分房产”。后村委会将张老太的房子以2万元的价格卖给了方某。2010年，张老太被侄子接回家中住，她认为村委会应该将她的房屋返还。张老太诉至法院，要求确认协议书无效。村委会表示，既然当初协议书已经白纸黑字作了约定，村委会对房产依约行使处分权并无不妥。北京市密云区人民法院经审理认为，协议书违反了法律规定，村委会不能约定在张老太去世前就将张老太的房产予以处理，协议书应属无效。[①]

案例评析

我国宪法规定，公民享有私有财产权和继承权，张老太对其房产享有财产权，本案中的那份供养协议不能变更张老太对其房产的所有权，村委会对张老太的房产只能“代为管理”，而无擅自变卖的权利。五保户如果再婚或者其赡养人、抚养人重新获得赡养或抚养的能力，村委会应返还对五保户私有财产的管理权，同时撤销其五保户身份。五保户去世之后，村委会亦不能立刻处理五保户私有财产，应及时核查其是否有法定继承人，避免产生继承纠纷。

案例传真C

事故现场的财物不可以随便拿！

2012年9月5日上午10时许，连霍高速公路兰州天一山庄附近发生一起交通事故，一辆拉运葡萄的大型货车撞上高速路护墙后翻倒在路面上，地面上到处散落着成箱的葡萄。

① 来源：《谨慎处理五保户财产》，载《北京日报》，2012年6月27日。

听说“葡萄车”翻了，附近不少村民拿着塑料袋、编织袋来抢葡萄，还有人干脆坐在路边吃了起来。记者在现场采访时看到，有不少人还开着车、骑着摩托车和自行车来装运。还有人打电话，让亲戚朋友赶紧开车前来拉葡萄。

“哄抢的人太多了……”据处理事故的交警说，当时来了三四十人，好多人抱起葡萄箱就走。尽管交警制止了一小部分村民的哄抢行为，但是现场聚集的人越来越多，这些人根本不听劝告，仍然继续哄抢。

眼见葡萄被人成箱成箱地抱走，货车司机王师傅势单力薄，拦也拦不住。王师傅告诉记者，这车葡萄一共有3300箱，价值约30万元，除了被抢走的一部分，剩余的葡萄亦遭到不同程度损坏无法销售。“这些损失足够让我倾家荡产了。”王师傅含着眼泪告诉记者。[①]

案例评析

这车葡萄的所有权，也就是这笔财物的产权归属在交通事故发生前后并没有发生任何的变化，都是原物主的财产。抢葡萄的人侵犯了物主的私有财产权，物主可以追讨并索赔。《宪法》规定：“公民的合法的私有财产不受侵犯。”《民法通则》、《物权法》都依据宪法精神，细化了对合法财产的平等保护基本原则——财产无论归国家所有、集体所有，还是私人所有，都同样受法律保护，严禁任何单位和个人侵占、哄抢、破坏。

案例传真D

讨要欠款也不可以破坏他人的财物

钟某与杨某合伙开茶叶加工厂，在茶叶加工、销售的合伙经营中存在经济纠纷。2013年5月7日11时许，为向杨某讨要欠款，钟某携带一玻璃瓶的汽油和一矿泉水瓶的火油去杨某家一楼等候。12时许，杨某回

① 来源：《车祸现场30万元葡萄遭抢，司机落泪》，载《兰州晨报》，2012年9月6日。

到家中，钟某再次和杨某提起合伙中欠款的事，双方发生争执，钟某即将玻璃瓶用力扔在杨某家一楼堆有茶叶和包装盒前的地板上，瓶碎汽油流出，接着钟某掏出打火机点燃地上的汽油，又将装满火油的矿泉水瓶扔到燃火中，杨某见状，取水将火灭熄。经鉴定，因火焰造成财物损失价值67765元。

2013年8月，广西凌云县人民法院经审理后认为，被告人钟某因与他人存在经济纠纷，为讨要债务而故意毁坏他人财物，导致财物损失，数额较大，其行为已触犯《中华人民共和国刑法》第二百七十五条之规定，构成了故意毁坏财物罪，判处有期徒刑一年。①

案例评析

私有财产权是宪法赋予公民的基本权利，我国公民的私有财产，只要是合法的，就受到宪法及相关法律的保护，不管是以非法占有为目的的侵害，还是为了达到其他目的而采取的破坏行为，都属于法律所不容许的侵犯他人财产权的行为。

上述案例中，钟某向杨某讨要欠款，本身是维护自己利益的行为，但他采取的却是侵害他人财产的手段：不惜以故意毁坏他人私有财产的方式相逼迫。通过侵害他人财产来维护自身财产，显然不符合宪法保护公民私有财产的基本精神，也触犯了我国相关的民事、刑事法律，必须承担相应的法律责任。在活跃的市场经济活动当中，难免会遇到形形色色的经济纠纷。个人在维护自身利益、财产的时候，一定要注意采用合法的正当方式。

相关链接

法律如何保护公民的合法财产权？

依照我国法律规定，保护公民的合法财产权主要有三种方式：一是

① 来源：《一男子为讨债故意毁坏他人财物被判刑一年》，光明网·人民法院频道，2013年8月16日。

刑事制裁侵犯公民合法财产所有权的犯罪行为，并可在刑事诉讼中附带提起民事诉讼。二是通过民事诉讼，以确定产权、返还原物、排除妨碍、赔偿损失等方式保护公民的合法财产。三是通过行政诉讼寻求法律的保护：如果国家机关及其工作人员的行为，对公民合法财产造成了损失，可要求给予赔偿。

侵犯财产的犯罪有哪些?

《中华人民共和国刑法》第五章规定有“侵犯财产罪”，是指故意非法地将公共财产和公民私有财产据为己有，或者故意毁坏公私财物的行为。其中包括：抢劫罪、盗窃罪、抢夺罪、诈骗罪、聚众哄抢公私财物罪、侵占罪、职务侵占罪、挪用资金罪、挪用特定款物罪、敲诈勒索罪、故意毁坏财物罪、破坏生产经营罪。

案例传真E

股东维权不当私搬公物，法院判决返还财产

2005 年 8 月，老蔡与秦先生作为股东注册成立了某模具有限公司，从事模具镜面抛光业务，老蔡担任公司法定代表人，管理公司业务、财务、行政等，秦先生负责管理技术事宜。公司成立以后，从未开过股东会，也未进行过分红。因此 2008 年年初，秦先生要求查账，发现账目有诸多疑点。秦先生怀疑老蔡转移公司财产，造成公司资产流失。两人关系闹僵后，老蔡避而不见，也不到公司上班，导致公司经营每况愈下。2008 年 3 月中旬，模具公司不得不停止经营，不再生产。在这种情况下，秦先生私自将公司的两台电动研磨机拿走。为此，老蔡代表公司将秦先生告上法庭，要求其返还公司财产。

庭审中，被告秦先生辩称，其拿走公司财产的行为不仅是为了保护自己，还为了保障公司员工、公司的债务人等第三人的合法权益不受老蔡侵害，故不同意返还研磨机。2008 年 10 月，上海市松江区人民法院判

决秦先生返还该模具公司电动研磨机两台。①

案例评析

按照我国法律规定，侵占国家、集体的财产或者他人财产的，应当返还财产，不能返还财产的，应当折价赔偿。被告秦先生与原告老蔡之间产生了经济纠纷，秦先生认为自身的财产权、股东知情权遭到侵犯，应通过正当的途径解决，可起诉要求了解公司经营状况，在公司经营难以为继时可要求清算等，但被告未经原告允许私自搬取公司财物的行为侵犯了公司以及其他股东的个人财产权益。因此，秦先生对于他从公司搬走的物品原物，负有返还义务。如果因此造成了损坏，秦先生还负有赔偿义务。

案例传真F

拾得的财物属于原物主

2013年1月15日，在广西都安县地苏镇做服装生意的韩某，委托三马车司机黄某帮忙将三袋男装从都安县城送往地苏镇。货送到地苏镇时，发现少了一袋。韩某和黄某便四处打听货物下落，按知情人提供的线索，找到拾走货物的黄某夫妇并索要自己的货物。黄某夫妇承认拾得了一大袋货物，袋子里面装有好多男士服装，韩某可以拿回自己遗落的东西，但必须与黄某夫妇平半分配。双方争执无果，韩某一纸诉状诉至都安县人民法院。法院经审理，判决被告返还原告遗失的财物，并赔偿因保管不善造成的损失1600元。②

案例评析

宪法规定，保护公民私有财产，就是保护公民对其财产的支配、控

① 来源：《股东维权不当私搬公物，法院判决返还财产》，中国法院网，2008年10月10日。

② 来源：《拾得财物想与失主均分，被判返还并赔偿》，中国法院网，2013年3月1日。

制权，因此，拾得人返还遗失物是一项法定义务，拒不返还就构成违法侵占，失主或权利人可以通过诉讼等方式要求其返还。

遗失不等于遗弃，失主由于意外，对其遗失的财物丧失了控制能力，但是仍然具有对财产的所有权。拾到遗失物，拒不交还，属于侵犯他人财产的行为。我国除在宪法中明确“私有财产不得侵犯”的总原则之外，在《物权法》中更对遗失物的相关处理作了明确的规定，简单说来有几点：一是拾到财物须归还原主或送交公安机关等有关部门；二是归还之前应妥善保管；三是若侵占了拾到的财物，则丧失了索要保管费和报酬的权利；四是因故意或重大过失造成财物损坏丢失的，应承担民事责任。另外，《刑法》也规定，非法占有遗忘物或埋藏物，数额巨大而且拒不交还的话，便可构成侵占罪。

延伸阅读

《物权法》对于我们有何意义？

公民的私有财产权在我国宪法中得到明确的承认，根据该条宪法精神，在相应的其他部门法中，特别是《刑法》中，也对各种侵犯公民私有财产的违法犯罪行为进行了界定，并作出处罚的规定。但是，如何规范市场经济中经济主体的财产所有权、处置权，保护私有财产的安全，则需要更加细化的财产权的法律规定。《物权法》就是为了维护国家基本经济制度，维护社会主义市场经济秩序，明确物的归属，发挥物的效用，保护权利人的物权。自2007年10月1日起施行的《物权法》，其施行的目的正是为了更好地保护公民合法的财产权。

《物权法》之所以和一般公民切身利益有极大关系，是因为其对私有财产的产权、物权等问题，作出了制度性的界定和安排。公民根据宪法合法地拥有私有财产权利，根据《物权法》规定明确自己对其合法财产的各种权利，更好地保护自身财产不受侵害。

案例传真G

企业无权对员工罚款

张某系江苏省如皋市某造船公司电工。2012年10月23日，张某趁人不注意偷偷将公司22斤铜线（后经公安部门估价为392元）放在了自己随身携带的挎包内，在出大门时，被公司的保安发现。公司方面提出，张某偷了厂里的东西要罚款1.5万元，要不就送派出所处理。张某虽然内心不情愿，但为了能给自己留条后路，还是缴纳了1.5万元，但后来仍被公司送交公安机关，并被处以拘留。

从拘留所出来后，张某认为公司无权对其处以罚款，要求公司全额返还，但公司仅给付了一张由行政部出具的一份收款收据，拒绝退还现金。在多次索要被拒后，张某将公司告上了法庭。

法庭上，公司辩称张某盗窃船厂铜线的事实清楚，其缴纳的1.5万元属于自愿赔偿船厂损失的民事赔偿款，且张某明确同意船厂对其盗窃行为的处理意见，而张某提出船厂在接收该1.5万元后，不再向公安机关报案的说法没有事实根据，请求驳回张某的诉讼请求。

法院经审理认为，张某盗窃船厂22斤铜线后，船厂向张某收取1.5万元缺少法律依据，依法应当返还。船厂辩称该1.5万元系张某自愿支付给船厂的民事赔偿款，张某对此不予认可。船厂也未能提供1.5万元作为民事赔偿款的计算依据，其提供的情况调查内容也未涉及该1.5万元的性质为民事赔偿款，对船厂的辩称意见法院不予采信。法院遂判令被告返还原告张某1.5万元。①

案例评析

根据我国《宪法》规定：公民合法的私有财产权不受侵犯。罚款，就是剥夺公民的财产权的一种处罚手段。依照《立法法》和《行政处罚法》的规定，对财产的处罚只能由法定的机构依严格的法定程序进行，

① 来源：《员工盗窃遭罚款一万五，法院判令企业如数返还》，载《人民法院报》，2013年7月3日。

任何非法定的机构和个人都无权实施。企业作为以营利为目的的经济组织，我国法律没有赋予企业罚款权，所以企业无权制定包含罚款内容的规章制度。本案中，虽然张某盗取了船厂的铜线，但船厂无权对其处以罚款。而且厂方也未能提供证据证明船厂因此遭受的经济损失，故法院判决其将1.5万元的罚款返还张某。

延伸阅读

《中华人民共和国劳动合同法》第九十条明确规定："劳动者违反本法规定解除劳动合同，或者违反劳动合同中约定的保密义务或者竞业限制，给用人单位造成损失的，应当承担赔偿责任。"该条是在劳动合同关系中仅有的规定劳动者承担赔偿责任的条款。

案例传真H

当场罚款有限额

2000年8月22日早晨6时，广东省阳江市合山镇范某在市场购得无任何票证的猪肉欲回镇上销售，被生猪屠宰管理稽查队查获。稽查队认为范某出售的猪肉无任何票据，认定为私宰肉，遂当场处罚范某，罚款1300元并没收猪肉。

事后范某不服，依法向阳江市人民政府财贸办公室申请行政复议。2001年3月21日阳江市人民政府财贸办公室作出行政复议决定，维持阳东县贸易局的处罚决定。范某仍然不服，并于2001年5月21日向法院提起行政诉讼。

法院认为，根据相关法规的规定，稽查队有权对范某的行为进行查处，但稽查队当场没收原告的肉品的处罚，没有执行《生猪屠宰行政处罚程序规定》第二十八条中"执法人员当场作出行政处罚决定后，必须填写预定格式、编有号码的'生猪屠宰违法案件当场处罚决定书'，并当场交付当事人"的规定；罚款1300元的处罚，违反了《中华人民共和国行政处罚法》第三十三条中"对公民处以五十元以下，对法人或其他组织处以一千元以下罚款或警告的行政处罚的，可以当场作出行政处罚决定”的规定，且被告作出的当场处罚决定没有编号，亦违反了《生猪屠宰行政处罚程序规定》的程序，故被告的处罚决定违反了法定程序。

故法院判决：撤销被告阳东县贸易局2000年8月22日对原告范某作出的处罚。由被告阳东县贸易局重新作出具体行政行为。①

案例评析

我国宪法保护公民的私有财产权，不仅严格限定了对公民进行财产处罚的资格，即哪些单位可以罚款，哪些单位无权罚款，还严格限定了罚款的程序，包括有权罚款的行政部门在对违法违章行为进行罚款处罚的时候，严格的操作流程及数额限定等。依法进行财产处罚，包括两个须同时具备的要点，一是要有充足的法律依据，二是严格遵守法定程序，两者缺一不可，否则行政部门所作出的处罚决定无效。根据《中华人民共和国行政处罚法》（以下简称《行政处罚法》），管理部门有权对违法的个人进行当场罚款，但是限额为50元，案例中1300元的罚款显然是违法的，也是无效的。

明确处罚依据，规范处罚程序，不仅仅为我国市场经济活动创造了良好的环境，更重要的是，能够预防职权滥用所造成的腐败，以及对公民合法私有财产造成侵害。

案例传真Ⅰ

没收财物须有严格的法定程序

2003年，黄泽富与四川省金堂县图书馆联办多媒体电子阅览室。双方协商，由黄泽富出资金和场地，每年向金堂县图书馆缴管理费2400元。2004年4月，电子阅览室以黄泽富之子何熠的名义挂牌开业。4月中旬，金堂县文体广电局市场科以整顿网吧为由要求其停办。经金堂县图书馆与黄泽富协商，金堂县图书馆于5月中旬退还黄泽富2400元管理

① 来源：《范红不服阳东县贸易局〈生猪屠宰违法案件当场处罚决定〉一案》，广东省阳东县人民法院行政判决书（2001）东行初字第05号。

费，摘除了“金堂县图书馆多媒体电子阅览室”的牌子。

2005年6月，金堂县相关部门检查时发现数名未成年人在该门面上网玩游戏。黄泽富未能出示“网络文化经营许可证”和营业执照。金堂县工商局按照《互联网上网服务营业场所管理条例》规定，扣留没收原告的32台电脑主机。

黄泽富的妻子何伯琼对该扣押行为及扣押电脑主机数量有异议遂诉至法院，最终成都市中级人民法院于2006年9月28日经审理认为金堂县工商局在执行行政处罚没收主机的过程中没有告知处罚对象听证权利，违反了法定程序，故判决：撤销工商部门之前所作出的行政处罚决定，并要求金堂县工商局在判决起效日起30日内重新作出具体行政行为。[①]

案例评析

罚款、没收财产等行政处罚，是一种剥夺财产权的非常严厉的处罚手段，宪法保护公民合法的私有财产权，所以对罚款、没收财物等处罚的实施条件、适用范围等有非常严格的限定。我国《行政处罚法》第四十二条规定：“行政机关作出责令停产停业、吊销许可证或者执照、较大数额罚款等行政处罚决定之前，应当告知当事人有要求举行听证的权利。”虽然该条规定没有明确列举“没收财产”，但是该条中的“等”系不完全列举，应当包括与明文列举的“责令停产停业、吊销许可证或者执照、较大数额罚款”类似的其他对相对人权益产生较大影响的行政处罚。之所以这样强调听证的权利，就是为了保证被处罚者的陈述权和申辩权，保障行政处罚决定的合法性和合理性。也就是说，即使处罚的是不合法的财产，也必须遵守法定程序。程序的合法性是我国法律保护公民合法权益的重要手段和措施，没有严格的程序，容易产生滥用职权随意处罚等现象，侵害公民合法财产。

① 来源：《黄泽富、何伯琼、何熠诉四川省成都市金堂工商行政管理局行政处罚案》，中华人民共和国最高人民法院网站，2012年4月9日。

（三）征收征用严格依法

第十三条　国家为了公共利益的需要，可以依照法律规定对公民的私有财产实行征收或者征用并给予补偿。

——《中华人民共和国宪法》

随着社会主义市场经济的形成与发展，非公有制经济成为我国国民经济中不可或缺的重要组成部分。只有以国家基本大法的形式确立和保护私有财产，阻止对私有财产的侵害，才能保证市场经济建设健康有序地进行。2004 年全国人大通过的《中华人民共和国宪法（修正案）》对有关公民财产权利的部分进行了修改，除了更加明确地强调了“公民的合法的私有财产不受侵犯”，“国家依照法律规定保护公民的私有财产权和继承权”，还增加了新条款“国家为了公共利益的需要，可以依照法律规定对公民的私有财产实行征收或者征用并给予补偿”。明确规定了对公民私有财产进行征收征用所应遵循的原则。

《宪法》中既然规定“公民的合法的私有财产不受侵犯”，那么为何还可以被征收征用？征收征用的前提条件是什么？程序如何？补偿的原则和标准怎么样？国家对暴力拆迁有何救济措施？

案例传真A

拆迁补偿标准必须依法确定

2009 年，沈阳市政府决定推进丁香湖新城建设。按照建设总体规划的需要，市政府决定对丁香湖地块实行征地拆迁，拆迁期限为 2009 年 10 月 1 日至 2009 年 12 月 31 日。

丁香湖地块上的英守村一共 400 多户，部分村民不肯签订拆迁协议，原因是双方就补偿事宜无法达成一致。政府给出的标准是每平方米 2175 元，但周边的房价是每平方米 4000 多元，相差一倍，村民普遍认为补偿的标准过低。如果按照产权调换，许多村民嫌安置房的居住密度大，不愿意迁入。如果原址迁回，政府又不能答应，所以迟迟没能签订补偿协议。但是就在2009年12月4日前后几天时间里，他们的房屋几乎同时被强拆。几户村民联合将沈阳市于洪区造化街道办事处、沈阳市于洪区征地拆迁管理办公室、沈阳市城市管理行政执法局于洪分局、沈阳市于洪区城乡建设局告上法庭。2010年11月30日，于洪区法院判决被告2009年12月4日强拆行为违法。①

案例评析

强制拆迁的产生，主要原因是拆迁方和被拆迁方在拆迁补偿问题上无法达成一致的意见，也就是在补偿上谈不拢。宪法规定，对公民私有财产的征收征用必须给予补偿。《物权法》第四十二条也规定："征收单位、个人的房屋及其他不动产，应当依法给予拆迁补偿，维护被征收人的合法权益；征收个人住宅的，还应当保障被征收人的居住条件。"2011年国务院颁布的《国有土地上房屋征收与补偿条例》，对补偿原则、补偿标准、补偿方案的确定、补偿形式等作出了规定。依据这些法律，拆迁协议中补偿标准等主要条款的确定有三点：

1. 由具有相应资质的房地产价格评估机构，按照房屋征收评估办法评估确定被征房屋的价值。

2. 补偿不得低于房屋征收决定公告之日被征收房屋类似房地产的市场价格。

3. 补偿的形式主要是两种，被征收人可以选择货币补偿，也可以选择房屋产权调换。

可见，沈阳市于洪区有关部门在上述三点上都没有依法推进此次征地拆迁工作，没有依法确定拆迁补偿标准进行拆迁协商。

① 来源：《辽宁省首例法院判定政府违法拆迁》，载《中国商报》，2011年6月21日。

相关链接

《国有土地上房屋征收与补偿条例》的拆迁补偿规定

《国有土地上房屋征收与补偿条例》规定补偿的总原则是“公平补偿”，须做到“决策民主、程序正当、结果公开”，主要对以下内容进行了规范：

1. 补偿的标准，不得低于房屋征收决定公告之日被征收房屋类似房地产的市场价格，被征收房屋的价值，由具有相应资质的房地产价格评估机构按照房屋征收评估办法评估确定。

2. 补偿的范围，包括被征收房屋价值，因征收房屋造成的搬迁、临时安置费用，因征收房屋而造成的停产停业损失。

3. 补偿方案的确定应与被征收人充分协商，被征收人对估价不服可以提请复核评估，若仍有异议，则由专家委员会鉴定。

4. 补偿的形式主要有两种，被征收人可以选择货币补偿，也可以选择房屋产权调换。

延伸阅读A

房屋征收与补偿的原则、基本程序

为了规范房屋拆迁的执行过程以及当中各方法律责任，国务院在2011年颁布了《国有土地上房屋征收与补偿条例》，当中明确了“房屋征收与补偿应当遵循决策民主、程序正当、结果公开的原则”，还具体规定了征收房产的基本程序，简单来说：第一步，由县、市及以上政府基于公共利益做出规范并拟定征收和补偿方案，被征收人不服可以申请行政复议，也可提起行政诉讼；第二步，向社会公布征收及补偿方案，充分听取被征收者意见，进行修改。这当中有关部门须对拆迁房屋的权属、区位、用途、建筑面积等情况进行详细调查，以便确定具体的补偿协议，被征收人不服可以提请重新评估；第三步，在达成补偿协议的情况下执行征收。

延伸阅读B

住建部发布《国有土地上房屋征收评估办法》

为了规范对公民房产的征收拆迁过程中的估计及补偿，减少双方在征收过程中因房产估计赔偿标准不一致所导致的矛盾，住房和城乡建设部在2011年6月3日发布了《国有土地上房屋征收评估办法》。该办法就评估机构的资格、评估程序、评估原则以及双方意见处理等各个方面都做了规定，其基本精神就是使征收评估规范化。具体的条文可以查询中央人民政府网站：http://www.gov.cn/zwgk/2011-06/07/content_1878698.htm.

案例传真B

违章也不可随意强拆

老陈是沈阳新民市一名普通的下岗工人，1993年，他在新民市东郊路路旁盖了一所门市房，面积有80平方米。2007年4月，新民市政府发布通告，表示要对老陈门市房所在的路段进行改造，并委托城管监察大队对该路段两侧临建房屋进行拆迁。

2007年5月14日，相关单位将老陈的房子强行拆除。老陈表示："强拆时没有通知、告知我应该享有的权利，把我房子里的机器设备、生活用品等全都弄坏了。"虽然事后新民市城管部门给了老陈17余万元的补偿，但老陈还是在2008年6月把新民市政府告上法庭，要求法院确认强拆违法并赔偿损失。最终，法院判决新民市政府强拆违法，但是由于老陈已经获得补偿，驳回了老陈赔偿的要求。①

案例评析

我国宪法保护公民私有财产权利。房屋拆迁是当前国家征收征用公民私有财产的主要形式，如果出现因为公共利益的需要而征收征用公民

① 来源：《强拆程序违法了，政府强拆被判违法》，载《辽沈晚报》，2009年2月26日。

私有财产的情况，必须严格依照相关的法律法规，按照法定程序执行，这是保护公民私有财产的保障手段之一。此案例中老陈房子里的机器设备、生活用品等私有财产权受法律保护，因拆除的程序不合法而使这些财产受到损害，须赔偿。即使是违章建筑的拆除，也必须严格按照法定的程序进行，随意强拆也属违法。

案例传真C

什么情况下可以进行强制拆迁？

在贵阳市南明区水口寺云关乡汤家坡城中村改造工程中，分别拥有建筑面积382.8平方米和97.51平方米房屋的刘某和张某两人，因赔偿问题谈不拢拒绝搬迁。经贵阳市住建局调解不成功，2012年6月，南明区法院裁决，判决房地产开发方提供给刘某回迁房6套，共计485.58平方米，提供给张某回迁房100.58平方米，其中差额面积按照相关规定进行现金补偿。同时，房地产开发方还要为两家人安排过渡房。两人对判决不满，提起上诉。2013年4月5日，贵阳市中院作出维持原判的判决。

但此后，两家人在规定日期内仍未搬迁。经房地产开发方申请，2013年8月12日下午，南明区法院依法对两家房屋进行了强拆。①

案例评析

上面案例中，二审法院在认定原判决赔偿合理的情况下，驳回两家的上诉并要求他们限期搬迁。但他们没有执行判决，法院才依据作出的执行裁定进行了强拆。

有人认为，征收拆迁就像做买卖，房子是我的，开多高的价都可以。这个说法，在以营利为目的的商业活动中是可以成立的，但是在基于公共利益需要的城市建设中，则属于损害公共利益的滥用权利行为。

我国宪法在承认公民的合法的私有财产权不可侵犯的前提下，规定为了社会公共利益的需要可以对公民私有财产进行征收和征用，并给予

① 来源：《法院判决后两名“钉子户”仍不搬迁被强拆》，贵阳新闻网，2013年8月13日。

补偿。《物权法》更进一步明确了物权的设立、变更、转让等内容，使得征收征用有了具体的、合理的操作基础。而2011年颁布的《国有土地上房屋征收与补偿条例》的一个基本精神就是禁止行政强拆，把强制拆迁的审查权和执行权交给了人民法院。该条例具体规定了房屋征收和补偿的操作程序和原则，包括拆迁补偿的原则、标准、范围、方案确定、形式等，还规定了如果被征收人在规定期限内没有申请行政复议或提起诉讼（或如此案例中，在二审后拒不执行法院裁决），在规定期限内又不搬迁，县级以上人民政府可向法院申请强制执行。同时，对暴力拆迁的法律责任也规定得非常清楚：民事上要赔偿经济损失，行政上要给予处分，构成犯罪的要移送司法机关。总之，在拆迁和补偿的过程中，如果各方，包括征收方、被征收方、提供中介服务的评估机构，无论谁违反了相关法律，都将会被追究相应的法律责任。

相关链接

什么是“公共利益”？

《国有土地上房屋征收与补偿条例》第八条规定：为了保障国家安全、促进国民经济和社会发展等公共利益的需要，有下列情形之一，确需征收房屋的，由市、县级人民政府作出房屋征收决定：

（一）国防和外交的需要；

（二）由政府组织实施的能源、交通、水利等基础设施建设的需要；

（三）由政府组织实施的科技、教育、文化、卫生、体育、环境和资源保护、防灾减灾、文物保护、社会福利、市政公用等公共事业的需要；

（四）由政府组织实施的保障性安居工程建设的需要；

（五）由政府依照城乡规划法有关规定组织实施的对危房集中、基础设施落后等地段进行旧城区改建的需要；

（六）法律、行政法规规定的其他公共利益的需要。

只要有基础设施等社会公共产品的建设需要，就必然存在征收拆迁的行为，但必须在承认和尊重公民私有财产权利的前提下，按照一定的法律程序，在公平公正的原则下进行。让被征收者享受城市化及土地升值所带来的溢价收益，合理地提高对公民房产的征收补偿标准，一直是各级政府在征收征用立法和实践的不断优化过程中十分关注的问题。

延伸阅读

补偿不公平，不准强制执行

不愿房子被拆迁，政府申请强制执行了怎么办？政府自行决定强制执行合法吗？2012年4月9日，最高人民法院发布了《关于办理申请人民法院强制执行国有土地上房屋征收补偿决定案件若干问题的规定》（以下简称《规定》），从案件受理、审查、执行和新旧规定衔接等程序和实体方面，对人民法院办理非诉讼行政执行案件作出了具体规范，保护被征收人合法权益，防止行政权力滥用。

一、多重保护被征收人合法权益。

人民法院在办理房屋征收与补偿相关案件中，可以通过四个方面进一步丰富和完善对被征收人合法权益的司法救济和保护手段：

首先，当事人对房屋征收决定不服的，可以依法提起诉讼；

其次，当事人对补偿决定不服或者补偿协议达成后反悔的，也可以依法提起诉讼；

第三，当事人既不起诉又不履行征收补偿决定，政府申请人民法院强制执行的，人民法院要对征收补偿决定的合法性、正当性进行审查后作出准予或者不准予执行的裁定；

第四，行政机关在执行过程中如果存在违法或者不当情形，被执行人及利害关系人可以提起行政诉讼或者行政赔偿诉讼。

二、明确“裁执分离”的强制执行方式。

《规定》明确了“裁执分离”为主导的强制执行方式。

所谓“裁执分离”，是指作出裁决的机关（机构）与执行裁决的机关（机构）应当分离，即不能由同一机关（机构）既行使裁决权又行使执行权，从而体现权力的监督与制约，防止权力的滥用侵害相对人合法权益。

三、补偿明显不公平应裁定不准予执行。

就申请机关应当提交的材料及相关要求，除《条例》规定的强制执行申请书及附具材料外，《规定》还列举了六项具体内容。包括：

征收补偿决定及相关证据和所依据的规范性文件；征收补偿决定送达凭证、催告情况及房屋被征收人、直接利害关系人的意见；社会稳定风险评估材料；申请强制执行的房屋状况；被执行人的姓名或者名称、住址及与强制执行相关的财产状况等具体情况；法律、行政法规规定应当提交的其他材料。①

① 来源：《对政府申请执行房屋征收补偿案件，最高法出台司法解释：补偿不公平，不准强制执行（热点解读）》，载《人民日报》，2012年4月10日。

案例传真D

16 名业主的维权路

1994 年，浙江省宁波市邱隘镇羊毛衫市场建成投入使用。此后，不少业主通过竞买方式买下了部分店面。2003 年，邱隘镇政府把羊毛衫市场地块卖给了一家房地产开发公司。而拥有合法产权的业主们毫不知情。2004 年 11 月，宁波市东部新城开发建设指挥部成立，市场列入新城规划区。

2012 年 9 月 12 日，业主蔡某等人的房子遭遇到了强拆。12 月 20 日，鄞州区政府出具行政复议决定书，认为房屋拆除行为是合同履行行为，并非具体行政行为，申请人提出的行政复议申请不符合行政复议的受理条件。

2013 年 1 月 16 日，16 名业主不服区政府的行政复议决定，向宁波市中级人民法院提起行政诉讼。3 月 22 日，宁波中院认为，涉案房屋拆除行为是按照协议约定实施的行为，该行为不是具体行政行为，不属于行政复议法规定的行政复议范围。蔡某等人继续上诉，5 月 14 日，浙江省高级人民法院受理此案。

8 月 15 日，浙江省高级人民法院审理认为：天苑公司拆除涉案房屋行为系受邱隘镇拆迁办委托而实施，上述房屋拆除行为应属邱隘镇政府行使公权力的行为。裁决撤销了宁波市中级人民法院原审判决和宁波市鄞州区人民政府行政复议决定，责令宁波市鄞州区政府在规定期限内重新作出复议决定。①

案例评析

上面案例中的这一连串的维权过程，反映了在征收拆迁的过程中，公民如果认为遭受到了不公平，或认为自己的财产权利受到了侵害，可以利用法律维权渠道。简单来说，在征收拆迁中，按照法律程序维护自身权益的最主要途径，是申请行政复议和提起行政诉讼。《国有土地上

① 来源：《“强拆”败诉第一案》，《法治周末》，2013 年第 185 期。

房屋征收与补偿条例》第十三条规定："市、县级人民政府作出房屋征收决定后应当及时公告。公告应当载明征收补偿方案和行政复议、行政诉讼权利等事项。"第十四条规定："被征收人对市、县级人民政府作出的房屋征收决定不服的，可以依法申请行政复议，也可以依法提起行政诉讼。"第二十六条也规定："被征收人对补偿决定不服的，可以依法申请行政复议，也可以依法提起行政诉讼。"

那么，行政复议和行政诉讼有什么区别呢？被征收者应该怎样合理使用这两个手段呢？简单来说：一是两者救济的途径不同。行政复议属于行政救济，由上级政府进行复议裁决；行政诉讼走的是司法程序，由法院审理判决。二是两者审查的范围和针对性有所不同。行政诉讼主要审查具体行政行为的合法性，对明显缺乏合理性、显失公平的也可以审查；而行政复议对具体行政行为的合法性、合理性都要审查。如果被征收者遭到侵权或者不服征收、补偿协定的，可以根据实际情况选择合适的维权途径，依法维权。

（本章作者：孔锐，中山大学哲学系）

第五章　劳动权利有保障

我们知道，财产权是公民三大权利的物质基础。我国实行按劳分配的社会主义分配原则，以劳动获得报酬是公民取得财产权最基本的方式，所以保障公民的劳动权对于保障公民的基本权利，具有十分重要的意义。同时，劳动是人类自我生存和自我发展的唯一手段，也是推动社会进步和祖国繁荣的基本方式。公民作为劳动者，依法享有各种权利，并要承担相应的责任。《宪法》第四十二条规定："中华人民共和国公民有劳动的权利和义务。"随着社会主义法治进程的不断完善，对于劳动者权利的维护和保障也日益受到党和国家的重视。"努力让劳动者实现体面劳动、全面发展。"习近平总书记在全国劳动模范代表座谈会上发表的重要讲话，深刻阐述了劳动对于实现中国梦的重要意义。

（一）劳动的权利和责任

第四十二条　中华人民共和国公民有劳动的权利和义务。

国家通过各种途径，创造劳动就业条件，加强劳动保护，改善劳动条件，并在发展生产的基础上，提高劳动报酬和福利待遇。

劳动是一切有劳动能力的公民的光荣职责。

国家对就业前的公民进行必要的劳动就业训练。

第四十五条　国家和社会帮助安排盲、聋、哑和其他有残疾的公民的劳动、生活和教育。

——《中华人民共和国宪法》

劳动权是公民的基本权利，那么，按照宪法，公民享有哪些基本的劳动权利？又要承担何种责任和义务？政府在维护公民劳动权利方面又应当起到什么作用？

名词点击

劳动权

指宪法保障下的劳动者获得劳动机会并在劳动过程中获得报酬，得到基本保障的权利。

劳动就业权

指具有劳动能力的公民在法定劳动年龄内有参加社会劳动、获得劳动报酬或经营收入的权利。

劳动报酬权

是劳动者通过从事各种劳动获得合法收入的权利。包括工资协商权、工资请求权和工资支配权。

提请劳动争议处理权

劳动争议是劳动关系当事人双方因劳动权利和劳动义务发生分歧而引起的争议。法律规定劳动关系当事人双方可到劳动争议仲裁委员会申请仲裁，不服的可向人民法院提起诉讼。

竞业限制

按照《劳动合同法》的规定，负有保密义务的劳动者，用人单位可以在劳动合同、知识产权权利归属协议或技术保密协议中约定竞业限制条款，或称保密协议或保密条款，对用人单位的商业秘密、知识产权等相关的保密事项负有保密义务，这就是俗称的竞业限制条款。条款中一般要约定在解除或者终止劳动合同后，在竞业限制期限内按月给予劳动者经济补偿的数额；劳动者在终止或解除劳动合同后的一定期限内不得在生产同类产品、经营同类业务或有其他竞争关系的用人单位任职，也不得自己生产与原单位有竞争关系的同类产品或经营同类业务；限制时间由当事人事先约定，但最长为两年。劳动者违反竞业限制约定的，应当按照约定向用人单位支付违约金。竞业限制条款在劳动合同中为延迟生效条款，也就是劳动合同的其他条款法律约束力终结后，该条款开始生效。当事人在劳动合同或者保密协议中约定竞业限制条款的，必须同时约定经济补偿的内容。

案例传真A

未毕业有劳动权吗？

2009年1月，尚有半年才正式毕业的小刘被招聘进入北京某投资顾问公司工作，职务为投资顾问，负责开发行业市场。双方约定试用期为一个月，试用期底薪800元，提成另计，第二个月转正，底薪提高到1500元。2月10日，公司以工资条形式发放小刘工资539元。3月11日，因为公司拖欠工资，小刘离开公司。由于公司一直拖欠工资，小刘遂向北京市劳动争议仲裁委员会提出仲裁申请，后又诉至宣武区人民法院，要求公司支付工资并赔礼道歉。

宣武区人民法院经过审理认为，劳动者与用人单位建立劳动关系，付出劳动，应当从单位取得相应的劳动报酬。本案中，被告承认小刘于2009年1月8日至3月11日在该公司工作，法院予以确认。最终，北京市宣武区人民法院首次以判决确认大学生的劳动主体地位，并据此判决用人单位给付小刘自2009年2月1日至3月11日的工资1847元。①

案例评析

公民行使劳动权的条件，一般是指具备法定的劳动能力、达到法定的劳动年龄、没有竞业限制等其他法律规定的限制情形。

享有劳动权并依劳动取得报酬权，是宪法赋予公民的基本权利。《劳动法》、《劳动合同法》等法律的具体规定，是对《宪法》第四十二

① 来源：《北京首判：未毕业大学生享有劳动权》，载《大河报》，2009年12月1日。

条基本精神的细化，为保障劳动者基本权利提供了更具体的法律依据。本案中，小刘进入公司工作时已具备法定的劳动能力，符合法定的劳动年龄，其在校大学生的身份不是法律规定的不得适用的对象。另外，小刘在与公司签订合同时，已明确告知自己尚未毕业，公司是在知道这一情况的前提下与小刘签订合同的。同时，公司也向小刘明确了具体岗位和职责，并向其发放了第一个月的工资。所有这些都充分表明，小刘在该公司并非实习，而属于就业。根据宪法的基本精神和相关法律的规定，应确认小刘为合格的劳动合同主体，双方的劳动合同关系成立，公司理应向小刘支付劳动报酬。因而，该用人单位拖欠工资，侵犯了小刘的劳动就业权和取得劳动报酬权，小刘提请劳动争议仲裁委员会仲裁和向法院提起诉讼，是在行使自己的提请劳动争议处理权。法院的判决结果，体现了对于宪法基本精神的维护，落实了对公民劳动权利的保障。

延伸阅读

劳动者享有哪些基本权利?

我国宪法规定，中华人民共和国公民有劳动的权利和义务。《劳动法》进一步明确规定："劳动者享有平等就业和选择职业的权利、取得劳动报酬的权利、休息休假的权利、获得劳动安全卫生保护的权利、接受职业技能培训的权利、享受社会保险和福利的权利、提请劳动争议处理的权利以及法律规定的其他劳动权利。"

案例传真B

乙肝病毒携带者有没有平等就业权?

2003年6月，安徽青年张某在芜湖市人事局报名参加安徽省公务员考试，报考芜湖县委办公室经济管理专业，经过笔试和面试，综合成绩在报考该专业的30名考生中名列第一，按规定进入体检程序后却因查出感染了乙肝病毒而被拒之门外。值得注意的是，张某并非乙肝大、小三阳，而只是乙肝五项检测指标中第一、第五项为阳性，并且肝功能正常，属于基本没有传染性的普通感染者。2003 年 11 月 10 日，经多方交涉无效的张某向新芜区人民法院提起行政诉讼，法院决定受理，成为中国乙肝维权第一案。

2004 年 4 月 2 日，该案在安徽省芜湖市新芜区人民法院公开宣判。法院一审判决确认，被告芜湖市人事局做出取消原告张某（乙肝病毒携带者）进入考核程序资格的具体行政行为，主要证据不足，依照法律规定，该行政行为应予撤销。[①]

案例评析

劳动者依法享有平等的就业权，是宪法赋予公民的基本权利之一。平等就业权，是国家对公民劳动权平等保护的要求在劳动就业上的反映。在本案例中，芜湖市人事局以当地对于公务员身体健康标准的规定为理由，对综合成绩排名第一的考生张某不予录取，是对当事者的歧视。因为对乙肝病毒携带者在入学、就业等方面的歧视，是宪法和法律所不允许的。乙肝病毒携带者能和正常人一样工作和学习，仅仅以公民是乙肝病毒携带者为由，限制他们工作的权利，违反了“法律面前人人平等”的宪法原则和宪法对公民劳动权的平等保护的规定，是对公民权利的侵犯。因而，芜湖市人事局的行为违反了宪法、《劳动法》等相关法律规定，侵犯了宪法赋予张某的平等权、劳动权、公民的人格尊严权等。张某能够以法律武器为自己的权利讨说法，是公民对宪法精神和对自己合法权益的维护，这一事件所引发的社会效应也促进了相关法律的完善，体现了社会主义法制的进步性。

延伸阅读

形形色色的就业歧视

擅酒者优先

某校校园招聘中出现了“擅酒者优先”的条件，被有关就业专家指

① 来源：《“乙肝歧视案”有了“说法”》，《时代潮》，2004 年第 8 期。

出属就业歧视。在就业工作中除较常见的性别、健康、户籍等歧视外，诸如此类，是近年出现的新的就业歧视现象。

身高歧视

小孟参加事业单位工作人员招聘考试，却因身高不够与报考的岗位失之交臂。随后，他以“身高歧视”为由，将对方告上法院，要求维护宪法赋予自己的权利——平等权。最终法院判决用人单位纠正此规定。

相貌歧视

每个人都喜欢美，几乎很多企业都是喜欢招聘长相好的员工，虽然看能力，但某种程度上还会关注到长相上来。特别对于女生求职，很多企业就注重外表，说是招聘相貌差的员工会影响企业形象，这种歧视几乎到处存在。

性别歧视

女毕业生小岩是读工科的，去年10月份就开始找工作，全国大中城市跑了10多个，参加大大小小十几个招聘会，竞争非常激烈，同班的男同学小李参加几场招聘会工作就找着了。为何小岩找不到工作呢？主要是专业对口职位就是不招女生。

年龄及职业歧视

在某公司的招聘告示上，有一条要求写道：“25岁到45岁，党员、军转、教师、律师、营销经营等优先。”这些要求也属“就业歧视”。

生肖姓氏歧视

有一家公司老板属狗，就要求雇用的下属不能是在狗年出生的，以防“相冲”，这就属于“生肖歧视”；求职者如有姓“裴”，公司因迷信害怕赔钱，不予录用，这就属于“姓氏歧视”。

乙肝歧视

乙肝是血源性传播性疾病，不会通过呼吸道和消化道传染，日常生活和工作接触不会传播乙肝病毒；乙肝病毒携带者不是乙肝病人，身体没有临床症状，肝功能正常，不会因一般的生活接触、共同学习、工作等对周围人群构成威胁。①

① 来源：《就业歧视：傲慢与偏见》，载《广西日报》，2013年6月3日。

案例传真C

竞业限制不可轻视

王某原是海宁一家著名企业的市场开发部副经理，负责成品沙发、沙发套等外贸出口业务。2010年8月，王某提出辞职，并与该公司签订了《竞业限制及保密协议》。该协议约定了竞业限制的范围、期限、客户名单、经济补偿金、违约金等，并规定若王某违反竞业限制约定，则其应向企业支付违约金。协议签订后，该公司按约每月向王某支付经济补偿款5000元，至2011年6月止，已支付经济补偿款45000元。

2010年9月，王某与另一家公司建立了劳动关系，并将原公司的美国客户介绍给现任公司。2011年6月，王某所在的公司与客户发生业务往来。原公司得知后，向海宁市劳动争议仲裁委员会申请仲裁，同年8月，仲裁委作出裁决，认定王某应承担违约责任。后经法院审理后一审判决，王某支付原公司违约金50万元。①

案例评析

权利与义务、责任总是密切关联、不可分割的。根据宪法的基本精神，劳动者在行使劳动权利的同时，必须履行遵守劳动纪律、履行相关法律的义务。按照《劳动合同法》的规定，负有竞业限制义务的员工在辞职时，在终止或解除劳动合同后的一定期限内，不得在与原单位存在竞争关系的单位任职，也不得自己生产或经营与原单位有竞争关系的同类产品等。在本案中，王某知悉或掌握了海宁某公司一定的商业、技术秘密，辞职后与该公司签订了《竞业限制及保密协议》，系双方当事人的真实意思表示，依照相关法律规定是合法有效的。现海宁某公司全面履行了义务，在与王某终止劳动合同后按月给予其经济补偿，而王某却私自将客户介绍给现任公司，并使双方发生购销业务关系，其行为违反了《劳动合同法》有关竞业限制的规定，也违反了双方协议约定，应当承担违约责任。

---

① 来源：《一男子被判赔偿违约金50万》，载《嘉兴日报》，2011年12月9日。

作为劳动者，必须明白宪法赋予自己的权利和责任，树立权利意识，同时更要履行好自己应尽的义务。

案例传真D

“啃老”岂能心安理得？

清晨6时30分，年届花甲的徐父第一个起床，草草地用完简单的早餐后，花40分钟乘坐公交车赶到白云区一家修配厂上班。事实上，两年前，徐父就从制衣厂车工的岗位上退休了，如今“老骥”返岗，并非为发挥余热，而是不得已而为之。因家有“太子”有工不做，要靠他养。

徐母是一名家庭主妇，她每天最主要的工作之一是为儿子徐伟准备午餐。据了解，“徐太子”现年27岁，是家中过得最舒适的闲人，通常一觉睡到近中午，吃完送到嘴边的午餐后，就例行地向妈妈索要30元“日薪”，便呼朋引伴，召来几个青年，凑成一桌打麻将，短则半天，长则通宵达旦。

据称，一年前的徐伟也曾工作过，但因嫌工作太苦太累，又嫌钱太少要受气，他频繁地换了服务生、保安、推销员等岗位，之后，就没再主动找工作。恨铁不成钢的徐父只好返岗再就业，继续供养自己的儿子。①

案例评析

宪法赋予了公民劳动的权利和义务，也是每一个有劳动能力的人的光荣职责，是每个公民对社会发展应尽的义务和责任。而本案例中的徐伟，具有工作能力不去劳动，整日游手好闲，以赌博为业，却要父母挣钱养活自己，“啃老”而且“啃”得心安理得。从法律角度来看，不劳而获靠依赖父母生活，是对父母财产的侵权，是违法行为；从道德的角度来说，徐伟可以说是不孝；从个人的社会性角度来说，他则是自甘堕落，无法体会到劳动带来价值实现的成就感，以嫌工作累、嫌钱少作为

① 来源：《父母赚钱我来花 粤“2030”年轻“啃老族”膨胀》，载《广州日报》，2005年4月11日。

放弃工作的借口，不能从劳动中获得奋发向上的动力，不断提升自己的素质和能力。“以辛勤劳动为荣，以好逸恶劳为耻”，这是社会主义荣辱观中的重要论述，也是对宪法赋予公民劳动权利的最好阐述。

案例传真E

有劳动能力而拒绝工作的申请者不能享受低保

一位 42 岁的申保者以申请享受低保待遇遭到拒绝为由，将该区民政部门告上法庭。这位申保人两年前因单位不景气下岗待业在家，其妻每月收入仅几百元，夫妇俩除了要抚养一个 13 岁的孩子外，还要赡养没有生活来源的老母亲。他以失业救济期满仍未能重新就业、生活十分困难为由，向住所地居委会递交了申请领取最低生活保障金的申请书。居委会在辖区内对他的家庭情况进行了公布，在征求群众意见后，提出了他处在就业年龄段、具备劳动能力，街道社保所应为其介绍两次工作的意见。街道社保所先后为他介绍了两个工作，但他以工资低、需要有试用期为由拒绝就业。于是，区民政局根据无正当理由拒绝就业、暂不享受城市低保待遇及生活补助的有关规定，拒绝了他的申请。法院经审理认为，民政部门事实认定清楚，程序合法，适用法律正确，从而维持了区民政局作出的决定。①

案例评析

最低生活保障制，是国家为了保障一些低收入群体的基本生活条件而采取的一种救济形式，其主要目的是维持群众的基本生活需要。国家在推动低保制度的时候，按照宪法精神，在不断地细化低保对象的条件和标准，建立对享受低保人员的动态管理和退出机制。同时积极推行变生活救济为就业扶助，利用经济手段引导低保人员积极就业。本案例中的街道社保所在一个月内向有劳动能力的申保者推荐了两次工作，都因其挑三拣四而拒绝，依照《广东省城乡居（村）民最低生活保障制度实施办法》的规定，家庭有劳动能力的成员无正当理由拒绝就业或参加劳动的，属于申请低保不予批准的情形之一，社保所拒绝为其办理低保，符合宪法鼓励公民积极劳动及宪法保障公民劳动权的基本精神。

延伸阅读

佛山禅城：有劳动能力不就业将取消低保资格

禅城区民政局、禅城区人力资源和社会保障局联合制定的《关于建立禅城区城市低保与促进就业联动机制的意见》，从2010年5月1日起实施。民政部门负责人表示，授人以鱼不如授人以渔，随着禅城社会救助力度的不断加大和救助面的扩大，对困难群体的就业援助成为完善和细化社会救助体系的重要内容。“不但要保证城乡困难群体的基本生活，也要激励他们积极就业和再就业，从而在根本上解决贫困问题。”

禅城城市低保与促进就业联动机制启动，意味着该区对困难群体将

① 来源：《北京四成人不就业，有劳动能力低保者为何不工作》，载《北京晚报》，2003年10月27日。

加大落实激励和约束机制的力度，促使有劳动能力的城乡低保人员尽早就业。根据规定，对于享受低保待遇的人员实现就业和再就业后，其家庭人均月收入达到或超过低保标准的人员，可继续保留一年的低保待遇。对于不办理求职登记，或两次以上无正当理由不接受推荐就业的，或拒绝接受就业培训，或拒绝参加社区公益性岗位工作的，不予办理低保或取消其本人低保资格。①

案例传真F

农民工如何变技工？

几年前，随着河源高新技术开发区建设步伐加快，大片农村土地被征用，陈某成了失地农民。开发区建成后，陈某到一家工厂当了名普通工人，每个月拿一千元左右的工资。

2011年，陈某了解到政府正在面向农村劳动力进行转移就业技能免费培训，他辞掉了普工，拿着身份证到源城区某定点培训机构报名参加了维修电工免费培训。经过一个半月的学习，陈某基本掌握了家庭照明线路的安装和检修、工厂的电力拖动线路的安装和检修、电动机的原理等知识，并通过了技能鉴定，获得职业资格证书，终于拥有了一技之长。

当年12月初，他接到了培训中心工作人员打来的电话，说可以推荐他到河源市某塑料制品有限公司做电工。手持一本职业资格证书和一张上岗操作证，陈某终于成为一名正式的电工，跟以前做普工相比，起薪也涨到了2500元。②

① 来源：《佛山禅城：有劳动能力不就业将取消低保资格》，载《南方日报》，2010年4月28日。

② 来源：《技能培训成农民“收入倍增”支点》，载《南方日报》，2012年12月3日。

案例传真G

如何改善劳动条件?

2011 年 2 月，广州市委、市政府正式印发文件，通过 34 条实施意见贯彻落实省政府《关于加强人文关怀改善用工环境的指导意见》。

这 34 条实施意见涵盖了保障职工合法权益、加强和改进企业用工管理、建立健全劳动关系协调处置机制、改善职工生产生活条件、切实发挥工会作用、加强企业文化建设、拓展职工发展空间、推进配套社会公共服务等多个领域。实施意见要求各地、各行业的领导敦促企业履行法律义务和社会责任，维护职工合法权益，如果对辖区内或者行业内企业恶意欠薪等严重违法行为长期不采取得力措施加以遏制，并因此出现严重影响社会稳定的重大群体性纠纷事件，当地或行业领导将被追究相应责任。[1]

案例评析

劳动是宪法赋予公民的权利，同时也意味着它是国家的一项义务：国家有义务通过提供劳动就业机会，培训劳动者的劳动技能，改善劳动条件和就业环境等，来保障公民劳动权最大限度的实现。因而，各级政府有责任制订相应的职业培训计划，对劳动者进行必要的劳动技能训练，并采取措施改善劳动条件和就业环境，以保障宪法赋予公民的基本劳动权利。在上述两个案例中，河源市政府主动为农村劳动力提供免费就业技能培训，提高他们的基本技能和劳动素质，使原本身无长技的农民工转型成为拥有一技之长的技工；广州市政府积极采取措施改善劳工关系，敦促企业履行法律义务，维护劳动者合法权益，都是对宪法精神的贯彻和落实，也都是在履行宪法对政府责任的要求。这些措施的效果是实实在在的：职业培训提高了农民的劳动技能，让农民能够获得更高的薪金，而且，农民变技工，成为拥有一技之长的技术工人，对整个社会的劳动力资源优化配置有重要的促进作用；而就业条件的改善，对于激发劳动者的积极性、主动性，解除他们的后顾之忧具有重要的意义。可以看出，政府正通过努力改善就业条件等，来最大限度地实现和维护公民的劳动权利。

延伸阅读

2009年2月20日，广州首个针对第三产业的外来务工人员职业技能培训在番禺举行，250名外来务工人员首次接受政府提供的免费培训。据悉，从2009年起，广州将有大量的培训班对外来务工人员和下岗职工开放，8.5万人可免费享受政府提供的服务。符合条件的外来务工人员和下岗职工可到市、区两级定点培训机构报名参加。

主要培训方式有3种：

第一，政府将寻求企业合作，为新员工或在职员工提供相应的课程。

---

① 来源：《广州改善用工环境，外来工子女读民校获补助》，载《南方日报》，2011年2月18日。

据悉，目前包括广钢、广船等企业均有意向或行动加入。

第二，外来务工人员凭身份证、下岗职工凭下岗证明到定点机构报名。

第三，政府还将为有创业意向的外来务工人员或下岗职工提供专项创业培训。比如一个外来务工人员想要在广州开士多，那么政府就提供相应的模拟课程。

据相关人士介绍，参与培训的外来务工人员或下岗职工除了学到技能，考核通过后还能获得国家承认的学历技能证书。①

案例传真H

如何保障残疾人的劳动权？

自1999年9月1日起施行的《广州市按比例安排残疾人就业办法》，及其后出台的实施细则，对宪法和《中华人民共和国残疾人保障法》等一系列法律规定进行了具体细化，落实了具体措施。广州每年还要发布用人单位按比例安排残疾人就业年审指南，指导用人单位按比例安排残疾人就业或缴纳残疾人就业保障金，以保障残疾人劳动权利，促进残疾人就业。按照这些规定，广州行政区域内的国家机关、团体、企业、事业单位、民办非企业单位等用人单位，应当按不低于上一年度平均在职职工人数的1.5%比例安排残疾人就业。安排残疾人就业达不到1.5%的比例的，每少安排一名残疾人，按当地统计部门公布的上一年度在职职工年平均工资标准的80%缴纳残疾人就业保障金。

另外，还规定了用人单位在招用工时不得歧视残疾人，需为残疾职工办理养老、医疗、失业以及社会保险等。目前，广州市持有第二代残疾人证者约13万人。其中，就业年龄段的残疾人约8.4万，已经就业的残疾人约3.18万。②

案例评析

残疾人是社会上的特殊劳动群体，跟普通人相比，他们在劳动时会

① 来源：《广州免费培训8.5万农民工》，载《广州日报》，2009年2月21日。

② 来源：广州市残联。

遇到很多方面的限制，但很多残疾人拥有自主的劳动能力，完全可以胜任相应的劳动，因而，必须保障他们的劳动权利。由于这类群体的特殊性，政府和社会已经从法律、制度等多元层面对他们的相关权利予以密切关注，并采取了相当多切实可行的措施维护他们的劳动利益。我国《宪法》第四十五条明确规定："国家和社会帮助安排盲、聋、哑和其他有残疾的公民的劳动、生活和教育。"这就从根本大法的层次上确认了国家和社会对残疾人劳动就业权的保护。为此，各级政府都在积极履行促进有劳动能力的残疾人实现就业，并确保他们在劳动中能够受到公平对待的责任和义务。本案例中的广州市政府，即采取政府行政手段对残疾人的就业问题进行引导和促进，是对宪法基本精神的积极落实和贯彻，体现了地方政府的职责。当然，除了帮助残疾人就业和保护他们不受歧视之外，还应适当照顾到残疾人群体的特殊利益，保障他们享有一般劳动者之外的一些权利，这样才能更好地体现宪法尊重人权的基本精神。

延伸阅读

广州：政府要带头扶持残疾人就业

在市政府常务会议上，针对会议审议的《广州市扶持社会福利企业发展促进集中安置残疾人就业的意见》，广州市市长陈建华进一步要求"力撑"残疾人就业："扶持残疾人就业，政府要带头，今后广州招公务员，同等条件下残疾人可优先录取，这样才能真正减少歧视。""我相信残疾人能做好公务员。"陈建华说。

"政府机构多数都有电梯，这对残疾人上班来说并没有什么问题，无论是处理文件还是做调研，这些都不会影响他们担任一个称职的公务员。"陈建华点名负责公务员招聘的几个机关单位，"请有关单位研究有关措施，在公务机关、事业单位的招聘中，只要分数相等，优先考虑残疾人的录取。"①

① 来源：《广州日报》，2012 年 9 月 4 日。

（二）劳动者的权益保障

第四十二条　国家通过各种途径，创造劳动就业条件，加强劳动保护，改善劳动条件，并在发展生产的基础上，提高劳动报酬和福利待遇。

第四十三条　中华人民共和国劳动者有休息的权利。

国家发展劳动者休息和休养的设施，规定职工的工作时间和休假制度。

——《中华人民共和国宪法》

公民拥有宪法赋予的劳动权利，意味着这些权益有法律上的保障。劳动报酬权和合理休息权是劳动者最基本的劳动权利，但也正是这些权利在现实中往往以各种方式受到侵害。那么，劳动者如何分辨各种侵权行为？如何保障自己的劳动报酬权与合理休息权？政府应承担哪些责任和义务呢？

案例传真A

雇人工作岂能不付报酬！

2011 年 3 月，潘某从丹江口市龙山镇承包了 72 套房屋的建设工程及 3 个内、外墙粉刷工程。随后，潘某雇了 79 名外来务工人员在其承包的工地干活。工程完工后，龙山镇政府按合同约定将工程款全部支付给了潘某。直至案发，潘某尚欠 79 名外来务工人员 296473 元工资。

2012 年 6 月 12 日，潘某逃匿。2012 年 8 月 15 日，79 名农民工申诉至丹江口市劳动保障监察局，丹江口市劳动保障监察局随即依法对潘某下达了《劳动保障监察限期改正指令书》，责令潘某在 8 月 17 日前支付拖欠的工资，但潘某知晓后仍未支付。随后，丹江口市人社局依法将该案件移交公安、检察机关。

丹江口市人民法院审理认为，潘某的行为已构成拒不支付劳动报酬罪。鉴于潘某认罪态度较好，加之已有人替其垫付了拖欠的211779元工资，遂从轻作出判决，被告人潘某犯拒不支付劳动报酬罪被判处有期徒刑1年，并处罚金1万元。[①]

案例评析

劳动报酬权是劳动者最基本的权利，我国宪法严格保障公民依法及时获得报酬权，这对雇主来说意味着两个方面的要求：一要付给劳动者合理的报酬，二不能拖延报酬的发放时间，否则就是侵害了劳动者的合法权利。然而，现实中却经常出现拖欠劳动者报酬的现象，雇主以各种理由迟发或扣发劳动报酬，侵害劳动者的合法权利。比如本案例中的潘某，在镇政府将工程款全部支付之后，依然不及时支付工资，而是一再拖欠，并且选择逃匿，企图蒙混过关，属于恶意欠薪行为，这不仅是对外来务工人员劳动的不尊重，更是对劳动者法定权利的侵害，受到法律的制裁是罪有应得的。劳动者当权益受到侵害时，一定要懂得及时寻求法律帮助，维护自身的合法权益。

案例传真B

讨薪维权就可以搞破坏吗？

为了讨要工资、改善工作条件，新会区6名建筑工人在与包工头沟通无效情况下，通过断电、藏匿电箱等方法实施报复，被新会区人民法院以破坏生产经营罪判处有期徒刑八至九个月不等。

该案6名被告人是施工承包商金某雇用的员工，金某在承接新会区某工地的外墙批灰工程后分派6人施工。施工期间，6人与金某因施工价格问题发生劳资纠纷，曾先后三次向金某追讨工资，被金某予以拒绝。因双方沟通失败，2012年10月30日、11月1日，秦某等被告人采取了

① 来源：《丹江口首宗恶意欠薪案宣判，包工头欠薪29万获刑一年》，载《十堰晚报》，2013年7月17日。

强行拉断电闸、藏匿电箱方式泄愤，致使工地无法正常施工。同年11月9日，秦某等人再次实施破坏，强行拉断电闸并损坏电箱，致使该工地无故停电，电机不能正常施工运作。后经鉴定，共造成经济损失56400多元。

新会区法院一审认定，6名被告人通过毁坏施工设备破坏生产经营，其行为均已构成破坏生产经营罪，遂作出上述判罚。①

案例评析

劳动报酬权是宪法赋予劳动者不可侵犯的合法权利，法律保证劳动者所付出的劳动能够及时获得相应价值的回报。劳动者有权依法向雇主讨要自己的劳动报酬，以维护自身的权益。但是，权利总是跟义务紧密关联的，讨薪是劳动者的权利，但这项权利在行使的过程中同样需要遵守相应的义务——合法、理性、不影响社会公共秩序、不侵犯他人合法权益……具体来说，讨薪要注意用合法的方式，不能做出过激甚至是违法的事情，这样不但不能解决自己的问题，还有可能让自己由合法权益受侵犯的受害者，变为侵犯他人权益的侵权人，甚至是违法犯罪的嫌疑人。本案例中的建筑工人本来是要维护自己的合法劳动所得，却采取了违法的手段，破坏了正常的生产秩序，造成了重大损失，结果不但没能达到自己想要的结果，反而触犯了法律，给自己带来了一场牢狱之灾，可以说是得不偿失。

案例传真C

用工岂可不签合同！

2010年1月，海南某实业公司在海口市西海岸投资兴建项目。张某应聘到该实业公司工作，任现场土建工程师。此前，张某在另外一家公司工作，2010年5月12日，他与原单位办理了终止劳动合同手续。随后他向该实业公司提交了与原单位终止劳动合同的证明，并多次要求该实

① 来源：《三次讨薪被拒，强行拉闸断电》，载《南方都市报》，2013年7月3日。

业公司签订劳动合同，缴纳各项社会保险。但该实业公司却不与他订立劳动合同。此外，他还经常被安排加班。

2012年2月20日，海南省劳动人事争议仲裁委员会裁决确认，张某与该实业公司从2010年5月13日至2011年6月30日存在劳动关系，公司应支付张某双倍工资、加班费等共9万多元。该实业公司不服该裁决，向秀英区人民法院提起诉讼。

秀英区人民法院一审认为，张某与该实业公司已存在事实上的劳动关系。在双方建立劳动关系后，该实业公司一直未与张某签订书面的劳动合同，法院判决实业公司支付张某2倍工资的差额66000元。[①]

案例评析

劳动合同是劳动者与用工单位之间确立劳动关系、明确双方权利和义务的协议，对劳动者和用工单位双方都具有约束和保障功能。我国法律基于宪法对公民劳动权的保护，规定用人单位必须与劳动者签订劳动合同。这是保障劳动者权益的重要方式，因为如果用人单位不与劳动者签订劳动合同，必然造成劳动者无法证明其与用人单位之间存在劳动关系，继而会影响劳动者维权，劳动者的诸多权益还会因为没有明确的约定而被侵犯后申告无门……因此，《劳动合同法》对此情形作出了“支付劳动者双倍工资”的惩罚性规定。本案例中的某实业公司在员工入职后拒不与员工订立劳动合同，违反了相关的法律规定，侵犯了劳动者的基本权利。法院的判决，对于用人单位是一个警示：不与劳动者签订劳动合同的做法，是一种很不划算的违法行为。

案例传真D

“霸王条款”有效吗？

2008年8月，杨某来到武汉某休闲会所从事技师工作，工资计次提

① 来源：《单位不签劳动合同，工程师获赔双薪六万多元》，载《海口晚报》，2013年2月18日。

成，但该会所没有与杨某等员工签订劳动合同，且未给员工缴纳社会保险。

2011年12月，单位开会说要和员工签订合同，杨某等人很开心。没想到签合同前，单位以“实行无限计次工资方式，提成工资标准中包含有25%的社会保险费用，作为社保补贴在工资中直接发放给员工”，要求员工在合同书上签字认可。因担心丢工作，杨某等同事最终还是签订了期限为一年的书面劳动合同。

2012年8月，杨某因家中有事书面申请离职，要求单位补交工作期间的社会保险，但遭到拒绝。8月30日，杨某委托律师将该会所告上区劳动人事争议仲裁委员会。11月2日，该案在区仲裁委开庭审理，最终仲裁委裁定，该单位为员工购买社保是强制性政策，该单位和员工签订的“霸王条款”无效。①

案例评析

用人单位与员工必须签订劳动合同，约定双方的权利和义务。按照法律的要求，用人单位在与员工订立劳动合同时，不得在劳动合同中约定“一旦发生工伤，所有费用由员工自理”等无赖条款，更不允许签订“生死合同”，不得强迫职工接受什么“加班不加酬”，“如打工不满一年，违约辞职，应向企业交纳一万元违约金”等“霸王条款”。这种强加于职工身上的违反法律规定的条款，即使是当事人被迫“自愿”订立的，也不具有法律效力。因为用人单位必须为员工购买社保，这是关系到宪法赋予公民的基本权利能否得到落实的大问题。在本案例中，用人单位利用自己在劳动关系中的强势地位，以发放社保补贴的方式，强迫员工“自愿”放弃参保，逃避用工单位为劳动者缴交社会保险的义务，属于恶意规避法律的无效民事行为，一旦调查核实，用人单位必须补缴。法院的裁定是对劳动者基本权利的维护，也是对宪法规定中“加强劳动保护”这一职责的遵守。构建和谐社会与和谐劳动关系，要求依法规范劳动就业行为，只有企业为职工的基本劳动权利提供切实的保障，才能促成稳定和谐的劳动关系，企业应在这方面严格遵守法律的要求。

① 来源：《“霸王条款”逼员工弃买社保》，载《武汉晨报》，2012年11月14日。

案例传真E

厂规可以要求超时加班吗？

位于深圳宝安区松岗镇东方村的千禧制衣厂因非法强制该厂357名员工超时加班总时数达到3万多小时，劳动局依法对其发出劳动监察处罚决定书，处以95万元的罚款。

千禧厂员工告诉记者，公司为完成订单，经常要求员工加班至凌晨，有时要通宵。全厂员工每月平均加班150至230小时，加班费每小时只有0.4元。公司违反规定，不仅收取押金，而且每个月的工资都要拖后3个月才发。

经过初步调查取证，千禧厂今年（2004年）2月严重超时加班的工人有368人，总加班时数为45751小时，平均每人加班124小时，其中32503小时为超时加班时数。加班最长的员工加班时间为206小时。在现场检查时，劳动监察部门当场对千禧厂发出了“劳动监察限期整改指令书”，并开出了深圳违反《劳动法》处罚“第一单”——95万元。①

案例评析

宪法在赋予公民劳动权利的同时，也将休息权作为与劳动权互补的劳动者基本权利加以明确。企业在要求劳动者按时完成规定的工作任务时，必须保证劳动者有足够的休息时间，才能让劳动者的劳动能力得以持续。而且，根据法律规定，企业在正常劳动时间之外安排员工加班，必须和劳动者协商，并依法支付比正常工资更多的加班费用及劳动报酬。但本案例中的企业，将加班作为“厂规”，强制员工严重超时加班，无视宪法赋予劳动者的休息权利，并克扣员工的加班费用，损害了劳动者正当的劳动报酬权。休息权是宪法赋予的基本权利，工厂把超时加班作为“厂规”，是对劳动者宪法权利的藐视和挑战，最终也必将让企业为自己的公然违法行为自食其果。可见，厂规只是企业的规章制度，非法强制

① 来源：《三张考勤卡应对检查，制衣厂强制员工加班被罚95万》，载《南方日报》，2004年6月25日。

加班是企业的违法行为。

延伸阅读

“企业文化”不可违法

加班无论是支付工资的，还是免费的“奉献”，也无论是雇主要求加班，还是员工在企业文化的感召下自愿加班，都必须符合两个基本条件：一是不得超越法定的时间界限，以无休止的加班侵害员工的身体健康；二是员工真正自愿，而不得存在任何形式的变相威逼、裹挟。

合理休息权是宪法赋予劳动者的合法权利。企业文化的内容也必须以合法为界限和底线。当前，很多用人单位以企业文化为由，变相强迫劳动者免费加班：在正常的工作时间之外，以各种有形、无形的措施迫使劳动者“主动加班”、“自愿加班”。“舍小家为大家”、“没有任何借口”、“爱我企业”等更是成了一些单位反复鼓吹的“企业文化”，谁敢提出异议立马就会被扣上“没有奉献精神”之类的大帽子。要消除这种畸形的“加班文化”，需要相关政府部门为劳动维权提供更有力的保障，

要求相关的法律法规对侵害劳动者权益的用人单位施以更加严厉的处罚。同时，也需要每个公民提高宪法意识，向违法的企业文化说“不”，这是保障自己合法权益的必须，更是每个公民自觉维护宪法尊严的必须。

案例传真F

旷工解聘要赔偿吗？

季某是张家港市安固公司的员工，安固公司员工手册明确“打卡不上班，溜出去玩，办私人事，经举报属实者予以开除”，2006年季某入职时接受了公司员工手册及厂规厂纪的培训，并在培训记录上签字。

2011年8月21日早上，季某在公司南门打卡进入公司，上午9时许从西门离开公司，于下午5时许从西门进入公司，并于数分钟后从南门打卡离开公司。同年9月13日，安固公司发布奖惩公告称季某打卡未上班，溜出去玩，违反了公司规定予以解除劳动合同。后经仲裁裁决安固公司支付季某赔偿金2.4万余元。安固公司不服向法院提起诉讼。

法院审理后认为，季某在无正当理由的情形下上班时间擅自离开公司，严重违反了公司的规章制度，原告安固公司在征求工会意见后与其解除劳动关系，符合相关法律规定，无需支付经济补偿金或赔偿金。[1]

案例评析

劳动关系是劳动双方权利和义务的结合，用人单位与劳动者双方对依法订立的劳动合同，都有履行、遵守的义务。这意味着劳动者在享有宪法所规定的基本权利的同时，也必须履行劳动合同明确规定的各项责任，遵守企业的劳动纪律。劳动纪律是劳动者从事社会生产和实现自身价值的职业规则，是公民行使社会经济文化权利所必需的职业规则设定。劳动者在正常的工作时间要按时上下班，并且完成相应的劳动任务，这是作为劳动者必须遵守的劳动纪律。而本案例中的劳动者，在上班时间溜出去，违反

① 来源：《上班脱岗外出打卡后溜出去玩，公司有权单方解聘》，载《姑苏晚报》，2012年7月11日。

了公司所制定的劳动准则和规章制度，没有履行自己作为劳动者应尽的职责。在这种情况下，企业有权依法解除与劳动者的劳动关系，而不需要作出经济赔偿，因为权利与义务对双方是均等的，任何一方都不能不去履行义务而希望单方面地享受权利。法院的判决结果表明，劳动者违反劳动纪律，公司有权解聘而不用赔偿。因为一个健康的社会环境中的劳动权，既需要法律保护劳动者的合法权益，同时也需要保障用人单位的合法权益。

法律链接

《劳动合同法》

第三条　订立劳动合同，应当遵循合法、公平、平等自愿、协商一致、诚实信用的原则。

依法订立的劳动合同具有约束力，用人单位与劳动者应当履行劳动合同约定的义务。

案例传真G

恶意欠薪，政府如何监管？

2012年12月7日，广东省第十一届人民代表大会常务委员会第三十八次会议通过了《广东省劳动保障监察条例》修订稿（以下简称《条例》），全面规范了劳动保障监察案件查处程序，加强了对劳动者权益的保障，强化了对用人单位劳动保障违法行为的监管。

此次修订的《条例》设立了劳动保障监察预警监控专章，多方位对劳动保障违法行为进行预防监管。《条例》规定，用人单位应建立职工名册、录用登记、工时、工资等用工管理台账，真实、准确记录各种用工信息，并至少保存两年，而职工名册、录用登记应当至少保存至劳动者离职后两年。与此同时，人力资源和社会保障行政部门将建立用人单位劳动保障守法诚信档案，对发生重大劳动保障违法行为的用人单位，将向社会公布。此外，用人单位的违法信息也将录入人民银行企业信用信息基础数据库，作为银行审办信贷业务的重要依据，今后有欠薪的用人单位将很难获得银行贷款。①

案例传真H

企业可以因员工休假解除劳动合同吗？

2007年，陈某应聘到哈尔滨市一家外企工作，担任销售主管。双方签订了5年期限的劳动合同。2010年9月，陈某向公司人事部门递交了休带薪年假的报告并获得批准。

休假开始的第一天，公司的秘书通知陈某：因临时工作需要，总经理不批准其休假申请。此时，陈某已准备登机与家人外出旅游。他未理会公司的意见而自行休了7天假。休假结束，陈某回来上班时，公司以其擅自离岗无故旷工已严重违反公司劳动纪律为由，与他解除了劳动合同。

陈某认为，他已履行了请假手续，虽然有临时性工作需要他做，但公司在未与其协商的情况下取消其休假，过错方为公司。他本人并非恶意严重违反劳动纪律，因此不应解除劳动合同，于是提请劳动仲裁委员会仲裁。省劳动仲裁委员会裁决，用人单位制定的劳动纪律不通告不生效，陈某和公司的劳动合同依然有效。②

案例评析

休假制度的设立，是为了维护宪法赋予职工的休息休假权利。为此，国家制定了一系列职工休息休假的法律法规。落实休假制度有利于劳动者调整工作状态，以更加饱满的精神投入工作，从这个意义上说，用人单位也应积极落实员工的合理休假请求，保障员工的休息权利；这也有利于企业与员工之间关系的和谐，增强员工对企业的认同感。本案例中，劳动者递交的休假申请得到了企业的批准，是合理、合法的休假，但企

① 来源：《广东强化企业用人监管，欠薪难获银行贷款》，载《南方日报》，2012年12月7日。

② 来源：《白领硬休年假被开除，仲裁：劳动纪律未通告，公司开除无效》，东北网，2013年4月15日。

业临时工作的变更，在未与劳动者协商好的情况下要求劳动者取消已经准备好的休假安排，是对员工的不尊重。没有保证休假制度的落实，已经违背了宪法的基本精神。而企业在员工休假后以离岗旷工为理由与其解除劳动合同，则更是严重侵犯了劳动者的基本劳动权利，属于违法行为。

延伸阅读

带薪休假不是福利是权利

2008年国务院实施的《职工带薪年休假条例》明确规定，机关、团体、企业、事业单位、民办非企业单位、有雇工的个体工商户等单位的职工连续工作一年以上的，享受带薪年休假。用人单位应当保证职工享受年休假，职工在年休假期间享受与正常工作期间相同的工资收入。也就是说，无论什么企业，都要给工作年满一年的员工提供带薪休假，否则就是违法行为。[①]

案例传真I

带薪休假有赖政府监管保障

山东省人力资源和社会保障厅、省发改委、省旅游局、省精神文明建设委员会办公室四部门联合下发《关于进一步落实企业职工带薪年休假制度的通知》（以下简称《通知》），要求省内用人单位，均应按照相关规定，通过与工会或职工代表平等协商，制定本单位职工带薪年休假制度，并统筹安排职工年休假计划，保障职工带薪年休假的权利。职工在年休假期间，享受与工作期间相同的工资收入。用人单位经职工同意不安排年休假，或者安排职工年休假天数少于应休年休假天数的，依法应给予职工相应的工资报酬。对于违反《通知》精神的用人单位，由县级以上政府人力资源和社会保障行政部门按照有关规定予以处罚；对拒不执行支付未休年休假工资报酬、赔偿金行政处理决定的，由人力资源和

① 来源：《带薪休假不是福利是权利》，载《新华日报》，2013年2月20日。

社会保障行政部门申请人民法院强制执行。各单位落实职工年休假制度的情况，将作为创建和谐劳动关系企业和文明单位考核的重要内容。①

案例评析

劳动权是宪法赋予公民的基本权利，保障公民的劳动权也就成为政府的重要职责。面对现实社会形形色色侵害劳动者劳动报酬权、劳动休息权的违法行为，政府有义务采取措施，更有效地维护宪法赋予劳动者的权益，贯彻落实宪法的基本精神和各项具体法律法规的规定。为此，政府必须制定切实有效的政策规范，强化措施进行监管，加大执法和惩罚力度，加大用人单位侵害劳动者权益行为的机会成本，才能让他们对宪法原则、法律制度产生敬畏，让他们不敢也不能以侵害劳动者权益为手段谋取自己的利益。上述两个案例中的政府单位，正是在履行政府对用人单位的监管职能，落实宪法赋予劳动者的劳动报酬权和休息权。从措施上来看，可以说两地政府都制定了有效的监管措施和相对严格的惩罚措施，对用人单位应该会产生相当的震慑力，但更重要的是这些措施的落实和执行。政府对宪法精神的维护和落实，更要注重加强执法力度，让违法行为无处隐藏，才能切实保护劳动者的权益。

案例传真J

休息设施：政府职责何在?

每天凌晨3点开始，府谷县城中心的700多名环卫工人就要早早起床，穿梭于城市的大街小巷，开始一天的清扫工作。在以前，不论刮风下雨或是雪天路滑，清扫完街道的他们常常没有地方休息，也喝不上一口热水。考虑到一线环卫工人的辛苦，府谷县委、县政府投入资金，在城区各主要街道边修建了10座环卫工人休息室，供环卫工人在工作之余休息。

休息室虽然不大，里面桌椅、饮水机、电暖器等设施配备齐全，环卫工人白变娥正和两个同伴在里面休息。一间小小的休息室，让这位在

① 来源：《带薪休假挂钩企业年检》，载《青岛早报》，2013年5月6日。

清洁岗位上工作多年的环卫工人十分感动。白变娥说："以前没有休息室时，我们只能在马路上四处溜达，这下可好了，有了歇脚的地方，口渴了有水喝，天冷了有地方取暖，给我们带来很多便利。"

环卫休息室的建立，极大地方便了一线环卫工人，让他们再也不用为无处遮风避雨、喝口热水这些问题而发愁了。①

案例评析

政府有保障劳动者宪法基本权利的职责，这不仅体现在对劳动者劳动报酬权、休息权等的监管和维护上，还体现在对保障劳动者休息、休养设施的供给上。《宪法》明确规定了政府有"发展劳动者休息和休养设施"的责任。本案例中的政府部门，考虑到环卫工人的实际需要，在工人工作的沿线建设休息室，是对工人基本休息权利的维护和改善，也是对宪法精神的维护和落实。政府部门更多这样的落实和执行，能够让劳动者感受到社会主义国家的制度优越性，感受到自己作为国家主人翁的地位，更多地体现了我国宪法对劳动者权利的尊重和保护。

（三）保障救济权的实现

第四十四条　国家依照法律规定实行企业事业组织的职工和国家机关工作人员的退休制度。退休人员的生活受到国家和社会的保障。

第四十五条　中华人民共和国公民在年老、疾病或者丧失劳动能力的情况下，有从国家和社会获得物质帮助的权利。国家发展为公民享受这些权利所需要的社会保险、社会救济和医疗卫生事业。

——《中华人民共和国宪法》

① 来源：《府谷：更多关怀给一线环卫工》，载《榆林日报》，2013年1月28日。

案例传真A

没交还公房就不能退休？

已经年满60岁的王先生是徐州市工业设备安装有限责任公司的一名老员工，到了退休的年龄，可是在他去领取退休金的时候，才发现单位并没有给他办理退休手续，理由是王先生必须把之前单位分给他的公房上交才行。

原来，单位于2003年分给王先生一套公房，王先生一家一直居住在里面，在这之前从来没有人对他提起过房子的问题。王先生找到记者一起来到徐州市工业设备安装有限责任公司，接待他们的孟总经理在听完王先生反映的事情之后表示，这之间肯定存在误会，因为职工管理包括退休之事，一直都是他自己在处理，董事长一般不会过问此事，而且像王先生这样居住在公房里的职工还有不少，单位绝不会以此为由不给职工办理退休手续的，并且承诺王先生的事情他会负责依照法律规定进行解决。①

案例传真B

什么情况下可以提前退休？

梁伯是广州市一家橡胶工厂的吹塑工人，目前工龄已经16年了。依照国家规定，梁伯从事的是对身体有害的岗位且工龄满一定年限即可申请提前退休。眼见同一岗位上才工作9年的工友们都已经提前退休了，梁伯便要求工厂相关负责人拿出他的原始资料及工资单，好让他申请提前退休，竟遭到工厂拒绝。与工厂提出要求近一年，工厂也不予回复，无奈之下，梁伯只好到市人力资源和社会保障局信访。②

---

① 来源：《年满60到了退休年龄　单位为何不给办退休?》，中国淮海网，2011年12月9日。

② 来源：《吹塑工人：为何不让我退休?》，载《羊城晚报》，2013年4月24日。

案例评析

我国宪法不仅规定了劳动者在参与社会劳动过程中的权利和义务，也规定了国家要建立健全同经济发展水平相适应的社会保障制度，退休制度就是我国社会保障制度的重要组成部分。宪法规定实行企业事业单位组织和国家机关的退休制度，退休人员的生活受到国家和社会的保障。退休并依法享受退休之后的社会保障，是劳动者所享有的基本权利之一。

在案例A中，王先生所在单位之前以王先生未交回公房为由，不给王先生办理退休手续，是明显的违法行为。按照相关法律法规的规定，只要王先生符合相关法律和社会保险制度规定的年龄、缴费年限等退休条件，单位就有义务为其办理退休手续。至于房屋是否应该予以退回，则是另外一种法律关系，单位不得以任何理由不履行给王先生办理退休的义务。如果因为没有及时办理退休手续而给当事人造成经济上的损失，比如说少领工资或退休养老金，或者说由于当事人有病去看病，医疗保险没有办法报销等，当事人都可以要求单位赔偿。

在案例B中，梁伯从事的吹塑工作是一种对身体有伤害的工种，按照《国务院关于工人退休、退职的暂行办法》的规定，从事井下、高空、高温、特别繁重体力劳动或者其他有害身体健康的工作，男年满五十五周岁、女年满四十五周岁，连续工龄满十年的可以要求提前退休。也就是说如果梁伯想要退休，可以不必等到六十岁，只要符合相关法律法规的条件要求，梁伯就可以合法地要求提前退休，并享受相应的退休生活保障待遇，其所在单位不得强制推迟其退休的年限。这是对宪法规定的公民劳动权、休息权的具体保障。

延伸阅读

我国现行退休制度对退休年龄有什么具体的规定呢？现行的法规主要有1978年5月同时由国务院颁布，五届人大常委会批准通过的《国务院关于工人退休、退职的暂行办法》和《国务院关于安置老弱病残干部的暂行办法》。按照两部《办法》的规定，简单来说，在一般的情况下（不包括特殊工种、工伤、残疾等特殊情况），男性退休年龄为满六十周岁，女性工人满五十周岁，女性干部满五十五周岁。

劳动者在其工作的许多年中，为我国的社会主义革命和建设作出了应有的贡献，公民行使劳动权利，履行劳动的义务，在到达一定年龄的时候理应享有自愿退休的权利。妥善安置他们的生活，使他们愉快地度过晚年，这是社会主义制度优越性的具体体现，同时也有利于工人队伍的精简。

相关链接

关于退休年龄的具体规定

《国务院关于工人退休、退职的暂行办法》第一条规定：全民所有制企业、事业单位和国家机关、人民团体的工人，符合下列条件之一的，应该退休：

（一）男年满六十周岁，女年满五十周岁，连续工龄满十年的。

（二）从事井下、高空、高温、特别繁重体力劳动或者其他有害身体健康的工作，男年满五十五周岁、女年满四十五周岁，连续工龄满十年的。

本项规定也适用于工作条件与工人相同的基层干部。

（三）男年满五十周岁，女年满四十五周岁，连续工龄满十年，由医院证明，并经劳动鉴定委员会确认，完全丧失劳动能力的。

（四）因工致残，由医院证明，并经劳动鉴定委员会确认，完全丧失劳动能力的。

《国务院关于安置老弱病残干部的暂行办法》第四条规定：党政机关、群众团体、企业、事业单位的干部，符合下列条件之一的，都可以退休：

（一）男年满六十周岁，女年满五十五周岁，参加革命工作年限满十年的；

（二）男年满五十周岁，女年满四十五周岁，参加革命工作年限满十年，经过医院证明完全丧失工作能力的；

（三）因工致残，经过医院证明完全丧失工作能力的。

案例传真C

可不可以不退休？

刚满50岁的吴女士被单位通知退休，吴女士随即给公司领导写了一份报告，认为自己未到法定退休年龄，不同意退休，但公司表示已经给她办理了退休手续。

吴女士认为退休手续没有经本人签字，单位提交审批时也没有向其索要身份证原件，存在弄虚作假行为，而省劳动和社会保障厅签署同意退休的意见，剥夺了她的劳动权。于是将省劳动和社会保障厅告上法庭。法院经审理认为吴女士是工人身份，从事工人岗位，不符合劳部发〔1995〕309号文件规定的女职工退休年龄选择的规定，且在吴女士与公司签订的劳动合同中，也将终止期限确定为满50周岁后的第二天。据此，法院判决驳回吴女士的上诉。①

案例评析

国家实行退休制度，一方面是作为社会保障制度的一部分，给劳动者的晚年提供生活保障，劳动者依法享有退休权，依法享有退休之后社会保障体系所提供的相应待遇。另一方面，退休制度也保证了我国劳动者群体保持正常的新老交替，保持企业、事业单位以及国家机关的活力和工作效率。按法律的规定退休不仅是劳动者的一项权利，也是劳动者的一项义务。所以，我国对于退休年龄的规定，不仅具有法定性，而且具有强制性。

退休之后，劳动者希望继续工作的，在双方自愿协商的前提下，可以与单位另行建立合同制劳动关系，仍享有《劳动法》规定的劳动者的权利，但单位不再为劳动者缴纳社会保险费，其他待遇均可以通过双方协商约定。

① 来源：《浙“强制退休第一案”终审判决　原告或选择申诉》，新华网，2009年4月30日，有删节。

案例传真D

残疾人是否应由国家提供生活保障？

2013年1月9日，安阳市重度残疾人生活救助工作会议在中原宾馆召开。会议传达了省民政厅、省财政厅、省残联联合下发的《关于做好重度残疾人生活救助工作的通知》。该通知明确要求：将由父母或兄弟姐妹抚养（扶养）的重度残疾人纳入最低生活保障救助范围，按照当地城乡低保最高补差予以救助；对享受最低生活保障待遇后生活仍有特殊困难的残疾人家庭，应当采取其他措施保障其基本生活。①

案例评析

生存权是公民基本人权之一。在公民因自然、灾害、伤残、贫困、年老、失业、疾病、工伤、生育的原因，而出现不能满足其基本生活需要的困难时，有获得国家所提供的物质帮助的权利，这也是生存权的基本内涵。我国《宪法》规定："公民在年老、疾病或者丧失劳动能力的情况下，有从国家和社会获得物质帮助的权利。"为了建立与完善我国的社会保障体系，国家制定了如《残疾人保障法》等相应的法律法规。

案例传真E

骗取低保应如何处理？

北京市房山区张坊镇史各庄村党支部委员罗某，通过私人关系让村委会会计在低收入证明上盖章，骗吃城市低保金两年半。一名村民将此事举报到房山区民政局。2010年8月10日，房山区民政局调查证实，罗某骗取低保金情况属实。根据《北京市居民最低生活保障制度实施细则》第九条第三款规定：采取虚报、隐瞒、伪造等手段，骗取享受城市低保待遇的，追回冒领的城市低保待遇款物；情节恶劣的，处冒领金额1倍

① 来源：《重度残疾人纳入最低生活保障救助范围》，河南省安阳市政府网站，2013年1月10日。

以上3倍以下的罚款。

房山区民政局认为，罗某已经认识到了骗保行为的严重性，配合调查组调查取证，并主动全额退回了低保金，写了书面检查，认错态度较好，不属于“情节恶劣”的情形。最终决定，取消罗某家庭目前享受的城市低保待遇，追回冒领的城市低保金36242元，并对其进行批评教育，免予罚款处罚。[①]

案例评析

我国宪法规定，国家建立健全同经济发展水平相适应的社会保障制度。目的是为低收入人群提供基本的生活保障，以维护其基本人权之一的生存权。最低生活保障的提供须和国家经济发展水平相适应，是一种有限的公共资源。但是有些地方却发生了骗取低保的行为。2011年4月，包头市在清理不符合低保条件的骗保者时，发现大量潜伏在低保队伍中的富裕户。在上面案例中提到的北京新规出台之前，河南、陕西等地民政部门都曾制定了相关罚则，但明确提出追究刑责的，还不多见。

我国《刑法》所规定的诈骗罪是指以非法占有为目的，用虚构事实或者隐瞒真相的方法，骗取数额较大的公私财物的行为。骗取低保者既涉嫌骗取国家税收形成的低保资金，又挤压了真正需要帮助的生活困难群体的基本生存权。虚构生活困难，掩盖真实收入，以达到非法占有低保金的目的，已经符合诈骗罪的构成要件，对其追究刑事责任完全有法可依。

让低保金真正用于生活困难群众，实现设立低保制度的初衷，就必须在法律层面上加大对骗低保者的惩罚力度。不能仅仅一个清退了事，而应该对骗保者在刑事和行政上，加以双重问责，不仅要把他们骗取的低保金全部追缴回来，还要加以必要的惩戒，例如罚款。对骗低保情节严重、数额较大的，可以依照《刑法》第二百七十三条“挪用用于救灾、抢险、防汛、优抚、扶贫、移民、救济款物”之规定，予以严惩。

① 来源：《村干部骗取低保两年半获利3.6万》，载《京华时报》，2010年8月23日。

案例传真F

伤残军人可以免费坐公交吗？

2013年7月1日上午，武汉市民姜先生持“伤残军人证”乘坐722路公交车时，遭到司机拒绝，坚持要他投币，事情发生后，姜先生随车到722路终点，希望讨一个说法，但未能如愿。

此事见报后，市公交三公司进行了调查，认为722路公交车司机违反了按章免票的规定，决定对当事司机作出罚款100元，停班学习3天，当班站长罚款100元的处理。

该公司还将本报报道和领导批示张贴在站头，对全体员工进行再教育，并要求全体员工开展一次承诺签名活动，杜绝类似事件的发生。①

① 来源：《拒绝伤残军人免费乘车后续　司机站长受处罚》，载《长江日报》，2013年7月4日。

案例传真G

如何做好残疾军人医疗保障工作?

2013年8月，三门峡市民政局筹集资金37万元，为市直59名一至六级残疾军人办理了城镇职工医疗保险参保、续保和医疗补助手续。

根据《三门峡市一至六级残疾军人医疗保障办法》，市民政局与财政、人力资源和社会保障等部门紧密协作，为59名一至六级残疾军人办理了城镇职工医疗保险参保、续保和医疗补助手续。另外，还给他们建立了个人账户，按残疾军人本人当年一个月抚恤金标准给予医疗补助。残疾军人住院就医时，城镇职工医疗保险支付范围内应由个人负担的医疗费用和起付标准、床位费等按照一至四级残疾军人补助95%，五至六级残疾军人补助90%的标准进行补助；对大额医疗费补充保险支付范围内的个人负担部分和最高支付限额以上的医疗费，一至四级残疾军人按70%、五至六级残疾军人按60%的标准给予补助。[①]

案例评析

作为我国社会保障体系的一部分，《宪法》第四十五条规定："国家和社会保障残废军人的生活，抚恤烈士家属，优待军人家属。"国家建立与健全社会保障体系，不仅仅要维护遭受灾害、失业、疾病及年老等而造成生活困难的公民的基本人权，使其获得基本的生活物质保障，而且国家对在社会主义革命事业中奉献青春，在国防和军队建设中牺牲、致残的军人及其亲属，也要有特别的抚恤和照顾。优待因公共事业牺牲的军人遗属，保障残疾军人的物质生活需要，也是我国社会保障体系不可或缺的一部分。

根据宪法的精神，国务院、中央军委2004年制定了《军人抚恤优待条例》，并在2011年作出了多处修改。《军人抚恤优待条例》规定了包括对死亡军人遗属、残疾军人等一系列的优惠抚恤政策，还规定了相关

① 来源：《三门峡市民政局积极做好一至六级残疾军人医疗保障工作》，河南省三门峡市民政信息网，2013年8月12日。

部门在执行抚恤政策的过程中所负有的法律责任。另外，为了更好地贯彻落实《军人抚恤优待条例》，民政部2007年发布了《伤残抚恤管理办法》，对伤残等级评定、伤残证件和档案管理、伤残抚恤关系转移、抚恤金发放等具体的操作事项作了规定。

案例传真H

舟山贫困群体医疗救助政策提标扩面

2013年9月，舟山市出台《关于进一步加强医疗救助工作的通知》，为贫困群体看病就医带来利好消息。该通知规定，从2014年1月1日起，对《舟山市贫困群体医疗救助实施办法》规定的八类对象医疗救助标准和封顶线作出调整。其中，患一般病种的救助对象，全年住院医疗累计救助费用封顶线从原来的3万元提高到4万元；患特殊病种的救助对象，自负门诊医疗费用列入住院医疗救助范围，全年累计门诊、住院救助总额封顶线从原来的5万元提高到8万元。同时，进一步扩大救助范围，将除八种对象外的其他艾滋病机会性感染病人经审核通过后纳入医疗救助范围，医疗救助标准和封顶线参照低保边缘对象执行。

据了解，《舟山市贫困群体医疗救助实施办法》规定的八类对象为城镇“三无”对象、渔农村五保对象；最低生活保障对象；特困职工；特困残疾人；享受国家定期定量补助的精减职工；重点优抚对象（烈属，牺牲、病故军人家属，革命伤残军人，老复员军人，带病回乡退伍军人）；新中国成立前入党的农村老党员、老游击队员、老交通员；低保边缘对象。①

案例传真I

大连将建立医疗救助一站式服务

2013年9月大连市政协委员刘秀艳指出了大连医疗救助体系主要存

① 来源：《就医“减压” 舟山贫困群体医疗救助政策提标扩面》，舟山网，2013年9月10日。

在三方面问题，并提案住院看病报销应无缝对接。对此大连市相关部门作出答复：

从大连市城乡医疗救助体系建设和救助制度实施情况看，基本覆盖了社会需要救助的各个层面，但还存在着救助标准低、救助范围窄、救助人数少、救助手段落后、救助政策衔接不好等问题。下一步将重点完善一站式医疗救助服务建设。①

案例评析

生存权是基本人权之一，在失去劳动能力，基本生活困难的时候，获得国家社会保障体系所提供的基本生活保障是我国宪法赋予公民的基本权利之一。

为了更好地为因年老、失业、残疾、生育、灾害等原因导致劳动能力丧失的公民提供生存生活的基本保障，国家不仅仅需要以立法的形式，规范社会保险以及社会救济的行为，国家也有责任建立并健全一套完备的社会保障体系。只有不断完善社会保障、社会救济、医疗卫生事业等相关的公共事业，才能使公民享受这些基本权利。如果没有相关方面的公共事业的发展作为后盾，相关救济法律法规的执行也会遇到问题。

延伸阅读

享受国家提供的基本生活保障是否必须“因公”？

公民在因灾害、年老、失业、生育、残疾等原因导致劳动能力丧失或生活困难的时候，都有享受国家提供的基本生活保障和生活救济的权利，这是我国宪法赋予公民的基本权利。

我国《宪法》第三十三条规定：“国家尊重和保障人权。”获得基本的生活保障和生活救济涉及公民的基本的生存权利，而生存权属于基本人权之一。国家保障人权，就必须保障公民的生存权，那么国家有责任

---

① 来源：《本市将建立医疗救助一站式服务》，载《半岛晨报》，2013年9月9日，有删节。

建立健全社会保障体系，给缺乏劳动能力、生活困难的公民提供基本的生活保障。公民基本宪法权利的获得，应当不带任何前提条件，更不能以非“因公”造成劳动能力缺失为理由，剥夺公民享有基本生活保障和生活救济的权利。

除了宪法规定我国公民享有获得社会保障的基本权利之外，国家也制定了相应的法律法规，以保证需要救济的公民能够切实享有这项权利。例如2008年出台的《中华人民共和国残疾人保障法》，除肯定“残疾人在政治、经济、文化、社会和家庭生活等方面享有同其他公民平等的权利”之外，规定国家保障残疾人享有康复服务的权利，平等接受教育的权利，劳动的权利，平等参与文化生活的权利，享有各项社会保障的权利，还规定国家和社会应当采取措施，逐步完善无障碍设施，推进信息交流无障碍，为残疾人平等参与社会生活创造无障碍环境。对于残疾人来说，不管是先天残疾还是后天残疾，也不管是因公残疾还是非因公残疾，都有权利获得国家在康复、教育、劳动、文化生活以及社会保障、社会救济等方面所提供的服务和帮助。

（本章作者：郭海鹰，中山大学哲学系）

后　记

广州正在抓紧贯彻落实《中共中央关于全面深化改革若干重大问题的决定》。法治建设方面，正在建立科学的法治建设指标体系和考核标准，其中，全会提出的“维护宪法法律权威”、“把全面贯彻实施宪法提高到一个新水平”，广州都将其作为重要根基。习近平同志在纪念现行宪法公布实行 30 周年大会上已经深刻阐明过这个道理：“宪法的生命在于实施，宪法的权威也在于实施。”宪法只有得到有效实施，宪法确认的公民基本权利才能得到全面和充分地实现与保障。而实现中国梦，必须从依法尊重和保障每个人的基本权利开始。

如此看来，依法治市丛书编委会自 2013 年年初起经过近半年的反复讨论，将本辑选题确定为“公民权利与义务读本”，其目的是宣传、普及宪法知识，增强领导干部运用法治思维和法治方式的能力；提高我们每个人在享有平等的基本权利的同时，履行好自己的基本义务的自觉性……编委们的这些选题意图与目的，都契合了十八届三中全会的精神，使得本辑丛书的内容，成为应时之作。

作为《依法治市丛书》的第三辑，这册读本延续了以案说法，启发思考的编写风格，力求一目了然地给出问题的解答，用一个案例解释清楚一个法律知识点及相应的法律规范内容。读本紧紧围绕当下广州市依法治市工作，助力读者在用更直观的形式学法的同时，增强法治观念，通过塑造全社会的法律意识水平，向社会传递法治正能量。

本书的编写仍然得到了各界人士的大力支持，立项、选题、编写，每一步都得到了诸多领导、学者和相关部门的鼎力帮助。在此，我们对为本书编写出版提供支持和帮助的各界人士，表示衷心的感谢。由于时间紧张，加上我们的水平有限，错漏之处在所难免，敬请读者不吝赐教，批评指正。

依法治市丛书编委会

2013 年 12 月